AF229898

LE LIVRE DES SEPT PREUVES

DE LA MISSION

DU BAB

TRADUCTION

PAR

A.-L.-M. NICOLAS

PREMIER DROGMAN DE LA LÉGATION DE FRANCE A TÉHÉRAN

Dans le passé, toutes les fois que la nécessité s'en est fait sentir, Dieu a envoyé en ce bas-monde un Prophète porteur d'un livre contenant des révélations célestes : il en agira de même dans l'avenir toutes les fois qu'il en sera besoin.

LIBRAIRIE ORIENTALE ET AMÉRICAINE

J. MAISONNEUVE, ÉDITEUR

6, RUE DE MÉZIÈRES, ET RUE MADAME, 26

PARIS (VIe)

1902

EN VENTE A LA MÊME LIBRAIRIE

Nicolas (J. B.), *Consul de France en Perse*. DICTIONNAIRE FRANÇAIS-PERSAN (avec la prononciation figurée en lettres latines). *Paris*, 1885-87, 2 vol., in-12 toile, de XIV-790 et 924 pp. 30 fr.

— Dialogues persans-français, accompagnés des notes sur les principales règles de la grammaire persane, avec la prononciation figurée. *Paris*, 1857, gr. in-8 br., X et 331 pp. 15 fr.

— Les quatrains de KHÉYAM, publiés pour la première fois et suivis de la traduction française. *Paris, Imp. Imp.*, 1867, in-8, b., XV et 220 pp. 15 fr.

Nicolas (Alph. L. M.). La divinité et le vin chez les poètes persans. *Marseille*, 1897, in-8 br., 68 pp. 1 fr.

Avesta, livre sacré du zoroastrisme, traduit du texte zend, accompagné de notes explicatives et précédé d'une introduction à l'étude de l'Avesta et de la religion mazdéenne, par C. DE HARLEZ, professeur à l'Université de Louvain. Deuxième édition, revue, corrigée et complétée. *Paris*, 1881, gr. in-8, CCXLVIII, et 671 pp., avec carte et planches. 20 fr.
    Forme le tome IV de la *Bibliothèque Orientale*.

Amro'lkaïs. Le Diwan d'Amro'lkaïs, précédé de la vie de ce poète par l'auteur du *Kitâb el-aghâni*. Texte arabe accompagné d'une traduction et de notes par MAC GUCKIN DE SLANE. *Paris, Imp. Roy.* 1837, in-4 br., XXV-128 et 50 pp. 10 fr.

Barbier de Meynard et **S. Guyard**. Trois comédies traduites du dialecte ture azéri en persan, par MIRZA DJA'FAR et publiées d'après l'édition de Téhéran, avec un glossaire et des notes. *Paris*, 1886, in-12 br., XX-91 et 169 pp. 10 fr.

Bergé (A.). Dictionnaire persan-français avec une table alphabétique pour servir de dictionnaire français-persan et un tableau comparatif des années de l'ère mahométane et de l'ère Chrétienne, in-12 cart., 674 pp. *Leipzig* et *Paris*, 1868. 10 fr.

Blochet (E.). Inventaire et description des miniatures des manuscrits orientaux conservés à la Bibliothèque Nationale. *Paris*, 1900, in-8 br. de 278 pp. 12 fr.

— Le Messianisme dans l'hétérodoxie musulmane. Le Mahdisme. *Sous presse.*

Burnouf (Emile), *Ancien directeur de l'École française d'Athènes*. La science des religions. QUATRIÈME ÉDITION. *Paris*, 1885, un beau volume in-12, br., de 443 pp. 3 fr. 50

Casartelli (L. C.). La philosophie religieuse du mazdéisme sous les Sassanides. *Paris*, 1884, in-8 br. 4 fr. 50

Caspari (C. P.). GRAMMAIRE ARABE, traduite de la quatrième édition allemande et en partie remaniée par E. URICOECHEA. *Paris*, 1881, un beau vol. gr. in-8, de VII et 532 pp., cartonné. 15 fr.

LE LIVRE DES SEPT PREUVES

DE LA

MISSION DU BAB

BAUGÉ (MAINE-ET-LOIRE). — IMPRIMERIE DALOUX

LE
LIVRE DES SEPT PREUVES

DE LA MISSION

DU BAB

TRADUCTION

par

A.-L.-M. NICOLAS

PREMIER DROGMAN DE LA LÉGATION DE FRANCE A TÉHÉRAN

Dans le passé, toutes les fois que la nécessité s'en est fait sentir, Dieu a envoyé en ce bas-monde un Prophète porteur d'un livre contenant des révélations célestes : il en agira de même dans l'avenir toutes les fois qu'il en sera besoin.

LIBRAIRIE ORIENTALE ET AMÉRICAINE

J. MAISONNEUVE, ÉDITEUR

6, RUE DE MÉZIÈRES, ET RUE MADAME, 26

PARIS (VIe)

1902

PRÉFACE

Le *Livre des Sept Preuves* est la plus importan-
te des œuvres de polémique sorties de la plume de
Sèyyèd Ali Mohammèd, dit le Bâb.

Fixer une date à la publication de ce livre par son
auteur peut paraître difficile. En effet, il est généra-
lement admis qu'il fut composé pendant le voyage de
la Mèkke pour répondre aux objections ou aux questions d'un des *olèmá* de Yèzd. Que ce livre soit une
réponse à un interrogateur, cela n'est pas douteux
comme on pourra s'en rendre compte dès le début ;
qu'il ait été composé pour un des *olèmá* de Yèzd,
cela n'a au fond, que peu d'importance ; mais qu'il
ait été écrit pendant le voyage de la Mèkke, cela ne
se peut admettre.

Ainsi que je l'établis dans mon ouvrage : *Un
Prophète au XIX*^e *siècle*, les premiers écrits du
nouvel apôtre sont : 1° Le *Rèçálèh-Fèqiyèh*, 2° *Le
commentaire de la sourate de Yousèf*, 3° probablement quelques versets du *Bèyán*, 4° le recueil de
sourates connu sous le nom de *Kètáb bèïn èl-Harèmèïn*, et 5° *le Kètáb Rouh*, révélé en pleine mer,

au voyage de retour de la Mèkke, entre Mascate et Bouchir.

Or, la tradition d'après laquelle le Bâb aurait composé, pendant son pèlerinage, un ouvrage en réponse à certaines questions qui lui auraient été posées par un contradicteur, est parfaitement exacte. Le *Kètâb-èl-harèmèïn* nous en donne la preuve puisqu'il renferme lui-même cette réponse. Cet ouvrage, qui est certainement celui que M. de Gobineau appelle « Le Journal du Pèlerinage » est daté, et donne de par son texte même des indications précieuses pour l'histoire des débuts du Bâbisme. J'en donnerai de larges extraits dans le livre que je cite plus haut ; qu'il nous suffise ici de savoir que le Bâb y répond longuement à un personnage nommé Hâdjî Sèyyèd Ali Kèrmânî, qui hésite à le reconnaître en sa qualité de prophète. L'argumentation est d'ailleurs tout autre que celle que nous rencontrons ici : elle se base presqu'uniquement sur ce verset du Qorân :

« *A ceux qui disputeront avec toi à ce sujet, depuis que tu en as reçu la connaissance parfaite, réponds : Venez, appelons nos enfants et les vôtres, nos femmes et les vôtres, venons, nous et vous, et puis adjurons le Seigneur chacun de notre côté, et appelons sa malédiction sur les menteurs. III, 54.* »

Le Bâb en effet y propose à plusieurs reprises à son interlocuteur de tenter cette épreuve décisive qui, si nous en croyons la Bible, a toujours tourné à la confusion de ceux qui niaient les prophètes.

Nous avons dit que le *Livre des Sept Preuves* n'a

pu être écrit pendant le pèlerinage : en effet, il y est question du mont Mâkou en termes tels qu'il est évident que l'auteur y est enfermé au moment où il parle. D'ailleurs s'il pouvait prévoir — comme il est certain qu'il l'a fait — le dénouement de la tragédie dont il était le principal héros, il ne pouvait connaître d'avance le nom du lieu où se passerait l'avant dernier acte de son martyre.

Mais, ce qui est plus net encore, c'est ce qu'il y dit de lui-même, à la page 45 :

« Vois comment l'altesse attendue [1] a manifesté sa vérité aux yeux des musulmans pour leur ouvrir la voie du salut. Elle, le premier rayonnement de la création, Elle, le Miroir de Dieu, a condescendu à se présenter sous l'aspect de la Porte qui conduit à la connaissance du descendant caché de Mohammed [2]. Dans son premier livre il a parlé au nom des lois du Qorân afin que les hommes ne fussent par troublés par le nouveau texte et la loi nouvelle ; afin qu'ils pussent se convaincre que cette loi est en relation avec leur propre Livre (le Qorân), afin qu'ils ne restassent pas dans l'obscurité et comprissent enfin qu'ils ont été créés pour cette loi même. Il est cependant ici une question digne d'examen. (Quoiqu'il se soit présenté comme la Porte qui conduit à la connaissance de l'imâm Mèhdi) il s'est rencontré des sectateurs du Qorân qui n'ont pas compris : et cependant tous sont instruits des promesses du texte sacré. Celui qui re-

----

1. L'imâm Mèhdi, qui n'est autre que le Bâb.

2. Autrement dit : quoi qu'étant moi-même ce descendant caché, j'ai condescendu à me faire passer d'abord pour un Précurseur.

*pousse loin de lui ceux qui se laissent guider par l'ima-
gination, celui qui se renferme dans les limites apparentes de la loi qorânique, celui-là est le savant, celui-là
vit dans le royaume de l'agrément de Dieu, celui-là agit
suivant la vraie science et marche sur la route qui conduit à l'approbation de l'altesse !!*

Le Bâb se qualifie donc ici d'Imâm Mèhdi et rejette
le titre de Bâb dont il s'était revêtu.

Or, l'historien bâbi, Aghâ Mîrzâ Djâni nous apprend
que Sèyyèd Ali Mohammèd fit cette dernière révélation durant les derniers jours de sa détention à Tchèhèriq. M. de Gobineau se trompe donc en plaçant
cette manifestation à Chirâz comme il se trompe
d'ailleurs[1] encore quand il ajoute « le titre de Bâb
ainsi devenu libre fut conféré à Mollâ Hossèïn Bou-
chrouyèhi ». Ce dernier, qu'on nomme volontiers
Èvvèl mèn amèn (ou le premier croyant, nom sous lequel il est déjà désigné dans le *Kitâb bèïn èl-harèmèïn*)
reçut le titre de *Bâb èl-Bâb.*

Il est d'autre part impossible que ce livre ait été

---

1. Le livre de M. de Gobineau fourmille d'erreurs. La partie historique
de son ouvrage n'est autre chose qu'une traduction fort élégante mais
presque toujours littérale du Nâcikh èt-tèvârikh et du Roouzèt ès Sâfâ.
Pas un renseignement d'origine bâbie n'y est donné, pas une explication n'y est tentée des mouvements de la nouvelle secte. On se demande, sans pouvoir le comprendre, ce que signifient les insurrections du
Mâzèndèrân. Par contre, toutes les calomnies musulmanes contre les
bâbi y ont trouvé un accueil empressé, la doctrine, les croyances, les
mœurs des nouveaux convertis y sont absolument défigurées. L'un
des plus beaux exemples de solidarité humaine donné par des gens
qui vont mourir et qui le savent, y est représenté comme une tentati-
ve des sectaires pour établir le règne de la communauté des biens et
des femmes !

écrit à Tchèhèriq car le Bâb n'eut pas manqué de parler de son changement de résidence. Enfin, et nous l'expliquerons dans notre histoire, la révélation du vrai titre de l'apôtre a dû avoir lieu non à la fin, mais au début de son séjour à Mâkoû si ce n'est même un peu avant. Les objections durent se présenter aussitôt et c'est à ce moment et à ces objections que répond notre auteur.

Son correspondant lui a évidemment demandé toutes les preuves de sa mission et la réponse qu'il reçoit est admirable de précision et de netteté. Elle se base sur deux versets du Qoràn : d'après le premier nul ne peut produire des versets, eut-il pour collaborateurs tous les hommes et tous les démons — d'après le second, nul ne comprend le sens des versets du Qoràn, si ce n'est Dieu et les *hommes d'une science solide*[1].

Or, durant 1260 années, pas un verset n'a été rédigé, aucun homme sur la surface de la terre n'a émis la prétention d'en faire descendre du ciel, et voilà qu'aujourd'hui quelqu'un se présente qui en « fait descendre » comme une pluie de printemps.

De deux choses l'une : ou le « verset » est œuvre divine et la seule preuve de la mission de Mohammèd — ainsi que ce dernier l'atteste dans le Qoràn, — ou il est simple œuvre littéraire, suggestion que le Qoràn repousse absolument.

Reste donc la première hypothèse, admise comme

---

1. Ce qui ici signifie certainement les imàm : puisque seuls ils avaient la science dont la porte a été fermée à leur disparition.

vérité certaine par tous les musulmans. Or, le Bâb produit des versets — œuvre divine — il est donc envoyé par Dieu, c'est de lui qu'il tient sa mission.

Que si vous discutez sur la valeur de ces versets, n'oubliez pas ce que vos aïeux ont dit de ceux de Mohammed quand il les présenta : « ce sont fables anciennes habilement agencées ». Que disent-ils aujourd'hui? Qu'est-il resté de leurs affirmations ? que restera-t-il des vôtres par la suite ?

« Ne peuvent comprendre les versets que Dieu seul et les hommes d'une science solide ». Croyez vous donc être des hommes d'une science solide ? le dire, c'est peu de chose, le prouver, tout est là. Prouvez-moi donc votre science en m'expliquant le Qorân, ce que vous ne pouvez faire. Prouvez-moi que vous êtes imbus de la véritable doctrine du Qorân, que vous êtes bons parmi les bons, purs parmi les purs, élus parmi les élus : et la seule preuve que vous en puissiez donner, c'est de vous soumettre aux lois immuables de Dieu et de croire à sa révélation nouvelle comme vous avez cru à ses révélations anciennes.

Car Dieu est Un dans sa personne, comme il est Un dans ses attributs, Un dans ses œuvres. Unique est l'enseignement qu'il vous donne depuis l'origine des âges, unique celui qu'il vous donnera dans la suite des temps. Et vous semblez croire que vous ne pouvez plus rien apprendre. Dans votre orgueil, vous croyez tout savoir et vous estimez avoir répondu de façon suffisante quand à la moin-

dre interrogation vous avez répondu « Mystère ».
Il n'y a pas, il ne peut y avoir de mystère, mais
l'enseignement qui vous est donné est proportionné à vos forces. Et c'est le secret que je viens vous
dévoiler, car votre intelligence n'a pu le pénétrer,
quoique tous les termes du problème vous aient été
soumis. Dans les psaumes, Dieu répond à David
qui lui demande pourquoi il a créé l'humanité :
« Parce que j'étais un trésor caché et qu'il me plut
« d'être connu ». Est-ce donc le connaître que d'être
à chaque pas arrêté par « le mystère » dans la voie
qui conduit à lui. Est-ce le connaître que d'en faire
un Dieu colère et jaloux comme les Juifs, un Dieu
des batailles comme les Chrétiens, un Dieu partial
comme les Musulmans, un Dieu anthropomorphe
comme l'immense majorité des hommes. Est-il donc
un menteur ce Dieu que vous adorez, oublierait-il
ses promesses ce Créateur devant qui tout s'incline.
Non pas, il vous a promis que vous le connaîtriez et
vous le connaîtrez, non d'un seul coup, mais par
degrés successifs. Le « Professeur » n'a pas manqué
à sa tâche ; il est venu à des intervalles divers, il
vous a enseigné la vraie loi. Est-ce de sa faute si
vous ne l'avez pas reconnu ? En adorateur d'idoles
que vous êtes, vous avez adoré son corps qui n'est
rien, vous vous êtes courbés sous sa force quand il
était puissant, vous avez été conquis par son sabre
quand il en a fait usage. Mais vous n'avez pu comprendre d'où *ils* venaient, qui *ils* étaient et Moham-
méd vous avait dit « Les Prophètes, je *les* suis » ! !

Car tous, quels que soient les noms qu'ils aient por-
tés, n'ont été qu'une seule et même émanation de
la volonté primitive de Dieu d'être connu, ils sont
l'incarnation même de la première création de Dieu
et vous ne l'avez pas compris : vous êtes restés israé-
lites sans reconnaître Moïse dans Jésus, chrétiens
sans apercevoir Jésus en Mohammed, vous voulez
rester musulmans sans voir en moi Mohammed !

Suivant les progrès qu'a accompli l'humanité,
chaque prophète a été envoyé avec des signes divers
pour prouver sa mission : matériels d'abord, ces signes
se sont élevés petit à petit jusqu'à l'immatérialité :
Adam vous montre des prodiges en vous apprenant
à vous servir de la terre et du feu, Noé vous ensei-
gne les qualités des ondes et du vent, d'autres
vous instruisent dans les arts et dans l'industrie, et
quand, oublieux des origines de votre enseignement,
vous vous vantez d'accomplir des miracles, Moïse
se présente qui les dépasse et les détruit de sa baguette. Vous avancez dans les sciences ; vous vous étu-
diez vous-mêmes dans vos corps et quand enfin vous
avez, d'après vous, pénétré le secret de la mort et celui de la vie, Jésus vient qui, de son souffle, fait
d'un mort un vivant, d'un vivant un cadavre !

Vos écoles de philosophie s'ouvrent, les lettres
deviennent votre domaine, vous vous élevez aux
plus sublimes beautés du génie humain, et Mohammed paraît qui vous parle la langue même de Dieu
dans sa splendide et merveilleuse éloquence.

Que vous faut-il de plus et que demandez-vous ?

Croyez-vous donc soumettre Dieu à vos caprices ? avez-vous oublié l'obéissance que vous lui devez ? seriez-vous devenu les maîtres ? Vous pouv z le croire dans votre orgueil, mais que penseriez-vous de Lui s'il écoutait vos criailleries ? Croyez, ne croyez pas, qu'importe à sa Majesté, à sa Puissance, à sa Sublimité ; vos raisonnements vont-ils arrêter la marche du monde ? Méprisez-vous mutuellement, calomniez-vous, excommuniez-vous les uns les autres. Que chacun de vous, enfermé dans l'étroitesse de sa secte, crie avec l'orgueil dans le cœur : « Multi enim vocati, pauci vero electi » sans comprendre que par cela même il s'exclut du nombre des élus !

Qu'est-ce donc que la créature et quel affolement l'égare ? Ne peut-elle jeter un regard sur le passé et s'incliner devant l'œuvre merveilleuse du Seigneur ? Quoi, ces hommes, qui après avoir bafou Mohammèd se sont inclinés sous sa loi, ne comprendront donc pas qu'ils s'expulsent eux-mêmes aujourd'hui de l'islam. Élevés dans l'idée que les versets sont l'œuvre de Dieu, convaincus de cette vérité éternelle contre laquelle rien ne prévaut, les voilà qui maintenant se détournent des versets du *Béyân*.

Telle est, brièvement résumée, l'argumentation du Bâb dans la première partie du *Livre des Sept Preuves*. Au fond, la preuve est une et par la suite il finira par affirmer que l'on doit croire à sa mission uniquement parce qu'il la proclame.

Dans la seconde partie, il descend de ces hauteurs et consent à donner quelques explications, non pas pour prouver sa mission — car elle se prouve d'elle-même — mais pour « rassurer le cœur » de ceux qui hésitent sur la route et leur donner des arguments à opposer à leurs contradicteurs. Il y commente un certain nombre de *hadis*.

J'ai à peine besoin de faire remarquer que le Bâb s'adressant à des Chiites se heurte non seulement aux *hadis* du Prophète arabe, mais encore à ceux des douze imâm, et c'est là un fatras dont rien ne peut donner une idée.

Il déclare, ce que bien des personnes admettent, que tout *hadis* qui n'est pas en étroite connexion avec le Qorân est faux ; et, par ce fait, il en rejette les neuf dixièmes par dessus bord. Il applique à ceux qui restent les règles de la critique musulmane qu'il serait trop long de rappeler ici et n'en conserve plus qu'un petit nombre, relativement à la quantité recueillie par Mèdjlissi.

Nous ne le suivrons pas dans sa discussion, mais, par un exemple, sur lequel il revient à chaque instant, nous tâcherons de saisir le fond de sa pensée.

Quand Jésus-Christ parut, les Juifs attendaient le Messie promis par les prophéties : Ces prophéties étaient en nombre considérable, obscures, contradictoires et c'était aux prêtres de Moïse qu'incombait le soin de les étudier et de les expliquer. Ils n'y faillirent point et nous n'avons aucune raison de soupçonner leur bonne foi et leur piété. Au contraire, c'est par un excès de scrupule qu'ils se refusèrent à reconnaître Jésus : quand ils examinaient la masse des prophéties concernant la venue du messager divin, ils voyaient qu'elles ne s'appliquaient pas à la personne qui réclamait (?) ce titre : par exemple il n'était rien moins que prouvé, pour eux, que Jésus fût de la race de David. C'est donc par *raison* qu'ils repoussèrent le Christ, mais par raison humaine, c'est-à-dire impuissante et bornée. L'Église catholique, qui s'éleva par la suite, traita de fables et de mensonges une bonne partie de ces traditions, en expliqua d'une façon nouvelle et précise certaines autres que les Juifs s'obstinèrent à ne pas comprendre dans le sens qui leur était désormais indiqué. Fidèles à leurs traditions, enfoncés dans les bornes de leur religion, convaincus de la vérité d'une science qui n'était qu'un tissu d'erreurs, les Juifs, de bonne foi ont repoussé Celui qu'ils attendaient avec tant d'impatience.

Triomphants, les chrétiens ne manquèrent pas de tomber dans la même ornière : leur zèle les emporta : ils rejetèrent, en les traitant d'apocryphes, certains écrits qui cependant contenaient la vérité. Convaincus de leur bon droit, ils expliquèrent que le *Consolateur* promis par Jésus était le Saint-Esprit, et, les yeux fixés sur les Évangiles ils attendirent la fin du monde, le jugement dernier, le retour de Jésus dans les nuées, sans se rendre le moins du monde compte du sens de ces mots : « le Paraclet » — « le jugement dernier » — « le retour de Jésus ».

Et quand l'*Ahmed* promis vint proclamer sa

mission à la face du monde qui l'attendait, ils crièrent au blasphémateur, au faux prophète. L'exemple des Juifs ne leur servit de rien, car comme eux ils se tournèrent, pleins d'une rage aveugle contre le nouvel apôtre et s'opposèrent par la violence et le sang à la propagation de sa doctrine.

Hélas, il semblerait que ceci dut suffire pour ouvrir les yeux de l'humanité désormais clairvoyante. Vraiment ces luttes, ces haines, ces horreurs, ces tortures n'auraient-elles pas dû céder devant la raison évidente. Tant de fois éprouvé, l'homme retombera donc toujours dans le même piège et lassera-t-il par l'obstination de son erreur l'obstination de la bienveillance divine ?

Ces musulmans à leur tour prennent sur leurs épaules le poids de tous les crimes du passé, ces élus de Dieu se jettent à l'envi l'un de l'autre dans la perdition. Comme les Juifs l'ont fait vis-à-vis de Jésus, comme les chrétiens l'ont fait à l'égard de Mohammed, ils aboient leurs blasphèmes contre le Bâb, et une fois encore, selon la forte expression de l'Évangile, le chien retourne à son vomissement.

Ces exemples du passé n'offrent rien de consolant, mais cependant l'humanité ne doit pas désespérer ; la loi du progrès a été inscrite sur son front dès son enfance et un jour viendra où la fraternité universelle ne sera plus un vain mot.

Comme on le voit, l'argumentation du Bâb est neuve et originale, et l'on peut déjà, par ce simple aperçu, se rendre compte du puissant intérêt qu'offre la lecture de son œuvre littéraire. Le cadre de ce travail ne me laisse point la liberté d'exposer, même brièvement, les principaux dogmes d'une doctrine certainement hardie et dont la façade est certes brillante et sympathique. J'espère le faire par la suite, mais, j'ai encore, pour le moment, une observation à présenter sur le *Livre des Sept Preuves*.

En effet, vers la fin de son ouvrage, le Bâb parle des miracles qui ont accompagné sa manifestation. Ceci étonnera sans doute le lecteur, car il aura vu, au cours de sa réponse, notre apôtre nier nettement les miracles matériels que l'imagination musulmane prête à Mohammèd. Il affirme que pour lui-même, comme pour le Prophète arabe, la seule preuve de sa mission est *la descente des versets*. Il n'en a pas d'autres, non qu'il soit incapable de produire des miracles — car Dieu fait ce qu'il veut — mais simplement parce que les *prodiges matériels* sont inférieurs aux *miracles immatériels*.

D'après moi, l'explication de cette apparente contradiction est assez simple. Le Bâb, s'adressant à des gens imbus de l'idée de miracles, leur parle leur langage et leur montre que souvent ce que l'on appelle *prodige* n'est autre chose qu'une coïncidence. Nous nous habituerons par la suite aux façons qu'a le Bâb de s'exprimer et j'espère alors justifier l'opinion que je présente ici.

LE LIVRE DES SEPT PREUVES

DE LA

MISSION DU BAB

Au Nom de Dieu, le Seul Unique, le Seul Unique[1]. Louanges à Dieu, car il n'y a pas d'autre Dieu que Lui, le Seul Unique, le Seul Unique. Toute splendeur vient de Dieu, sur le *mèn youzher-Oullah*[2] et sur ses apôtres jusque dans l'éternité des éternités.

Et ensuite :

Nous avons examiné la lettre qui nous a été écrite : si l'on désire une explication détaillée des preuves établissant la vérité de cette Manifestation, celle-ci serait trop longue et les tablettes du monde de l'existence et des possibilités n'y pourraient suffire[3] Mais, l'essence de ce discours et la perle de ce but[4] sont qu'il n'y a jamais eu et qu'il n'y a pas de doute que Dieu Éternel a toujours été stable dans la Hauteur de sa Divinité, dans la sublimité de ses Purs Attributs, et qu'il reste-

---

1. Le Bâb emploie ici, pour rendre plus énergiquement sa pensée, le superlatif de ﻓﺮﺩ Férd, l'Unique.

2. Nous verrons dans le cours de cet ouvrage, toute la portée de cette expression : « Celui que Dieu manifestera ».

3. Tous les objets matériels de ce bas-monde transformés en tablettes ne suffiraient pas à contenir toutes les preuves de la vérité de cette manifestation, c'est-à-dire tout ce qui existe matériellement forme un ordre de preuves, l'autre ordre étant composé de preuves du monde moral.

4. Le résumé de ce discours, et le but qu'il tente de démontrer sont : ....

ra toujours dans la Splendeur et l'immutabilité de Son Infinie Grandeur. Rien ne l'a connu comme Il doit être connu et les louanges que l'on en a faites sont restées au-dessous de Lui.

Il est Pur de tous noms, Libre de tous semblables[1]. Tout Lui est connu et Sa Grandeur réside en ceci qu'Il reste inconnu à tout. Sa Création n'a jamais eu de commencement et n'aura jamais de fin car il y aurait eu alors ou il y aurait un arrêt nécessaire à Ses bienfaits[2]. Toutes les fois qu'il s'est trouvé utile dans ce monde de Possibilités, Il a envoyé des Prophètes et fait descendre du Ciel des Livres de la Loi : Il le fera encore quand le besoin s'en fera sentir[3].

1. Aucun des Qualificatifs ou des Noms que nous donnons à Dieu ne peut présenter, même de très loin, un semblant d'exactitude. Le Bon, le Fort, le Miséricordieux, ce sont là qualités que nous retrouvons dans notre propre nature : Nous les lui appliquons mais elles ne peuvent le définir et du reste nous ne pouvons les comprendre nous mêmes dès que nous les poussons à l'infini, l'infini dans la Bonté nous est aussi incompréhensible que l'infini dans l'espace..........
Quand après l'infini, l'infini recommence.
Dieu est tellement au-dessus de nous que c'est presque un blasphème de croire pouvoir se l'imaginer par la comparaison avec notre propre nature.

2. Créateur, c'est encore là un qualificatif, qui, comme tous ceux que nous pouvons trouver dans la faiblesse de nos intelligences doit être poussé à l'infini. La Religion chrétienne et la Musulmane accordent cet attribut à Dieu à un moment donné et l'en dépouillent pour tout ce qui a précédé ou suivi ce moment. Mais c'est là une donnée fausse : Dieu a créé dès le commencement pour lequel il n'y a pas de commencement, il crée et créera jusqu'à la fin pour laquelle il n'y aura pas de fin. S'il y avait un arrêt dans son pouvoir créateur, il y aurait un arrêt dans la manifestation de sa bonté, comme d'ailleurs dans la manifestation de tous ses attributs. Il a en effet créé le monde pour être connu de lui et la connaissance de Dieu est le but, la cause première et la cause finale de l'être : c'est là le bienfait. Si donc une disparition définitive était, dans un espace de temps quelconque, assignée à la création, le Bienfait de Dieu, c'est-à-dire sa Bonté, n'aurait plus où se manifester. Dieu n'aurait donc plus raison d'être, donc il n'existerait plus, ce qui est impossible.

3. L'Humanité suit une marche ascendante vers la lumière. Cette loi du Progrès, inscrite dès le commencement, dans les destinées de l'homme ne pouvait se manifester que par une très lente progression dans la science. L'Humanité fut sevrée à l'époque d'Adam qui est, non le premier homme, mais le premier Prophète. De même que l'estomac

Si tu voyages dans l'Océan des Noms[1], sache que tout est connu de Dieu. Lui est trop élevé pour être connu de Sa création ou pour être décrit par Ses créatures. Tout ce que tu vois a été créé par Sa volonté. Et quelle preuve te faut-il donc de son Unité? Son existence en est la preuve la plus complète, et l'existence même des choses extérieures est la preuve la plus formelle qu'elles ont été créées par Lui. C'est là la preuve philosophique pour celui qui voyage sur la mer de la Vérité.

Si tu vogues sur l'Océan de la Création, sache que le premier *Zikr*[2], qui émane de la Primitive Volonté, est semblable au soleil que Dieu très Haut a créé suivant sa Puissance,

de l'enfant est, par degrés, habitué aux forts aliments de l'âge adulte, de même le cerveau de l'homme ne reçut à chaque révélation céleste (apparitions des divers prophètes) qu'une partie de la nourriture divine. Ce n'est que quand l'humanité avait digéré le pain donné par un Prophète que Dieu en envoyait un nouveau, chargé d'élargir le cercle des connaissances humaines. Dire qu'il n'y aura plus de Prophète, ce serait prétendre que l'homme est arrivé à la perfection et qu'il a pénétré les secrets de la Nature Divine. Nous n'avons qu'à jeter un regard sur nous mêmes pour constater l'inanité et l'outrecuidance d'une pareille affirmation. C'est contre elle que s'élève le Bâb, et il vient à son tour apporter sa pierre à l'édifice dont il avait posé les bases sous le nom d'Adam et qu'il avait continué à élever sous les divers noms que les hommes lui ont donné : Abraham, Moïse, Jésus, Mohammed. Mais l'enseignement qu'il donne aujourd'hui, s'il est supérieur à celui qu'il a donné sous les traits du Prophète Arabe, n'est pas le moins du monde complet et définitif. L'humanité devra, à son tour, digérer les notions nouvelles qu'il donne, et, quand elle les aura assimilées paraîtra « Celui que Dieu manifestera ». A son tour il élargira le cercle des connaissances données par Mirza Ali Mohammed, puis sera suivi à son tour, d'autres *men youzher Oullah*.

1. Voir note 1, p. 2.

2. *Zikr*. C'est la première émanation de Dieu : voici comment la philosophie religieuse s'exprime à ce sujet. Quand un homme forme le projet de construire une maison, il pense à la disposer suivant un certain plan : la maison se dresse donc « vivante », pour ainsi dire dans son imagination. Il nous est loisible de dire que cette maison existe, puisqu'elle vit, dans le domaine de la pensée il est vrai, mais elle est. D'autre part nous pouvons tout aussi bien dire qu'elle n'existe pas, puisqu'elle n'a ni longueur, ni largeur, ni épaisseur, en un mot aucune des qualités de la matière. Cette maison vient-elle à être construite, nous pouvons dire ou nier que ce soit celle qui exis-

dès le commencement pour lequel il n'y a pas de commencement, et, dans chaque manifestation, c'est ce *Zikr* qu'il a montré suivant sa propre décision. Sache donc que ce *Zikr* est comparable au Soleil que Dieu très Haut a créé suivant son pouvoir dès le commencement pour lequel il n'y a pas de commencement : dans chaque Manifestation, c'est ce Pre-

tait en imagination. Il en est identiquement de même pour Dieu : Tant qu'il n'a pas construit le monde, son existence reste inconnue, il est pur de tous noms et de tous attributs. Il existe, puisqu'il est de tout temps, mais la manifestation de son existence ne s'est pas encore faite. Soudain il veut créer, c'est-à-dire rayonner sur le monde. Son but est d'accorder les bienfaits de sa connaissance à sa créature et, avant tout, d'assurer la propagation de ce bienfait : de cette nécessité primitive découle la création des prophètes, ou, plus justement, du Prophétisme. C'est cette première création, ce prophétisme qu'on nomme le Premier Zikr.

Le 1er Zikr est en étroite connexion avec le créateur : en effet, il participe à ses Qualités et à sa Puissance. Pour s'en rendre compte, il suffit de comparer la création au phénomène qui se produit quand on allume une lampe. Le rayon le plus rapproché de la source lumineuse est incontestablement le plus brillant, le plus pur, le plus chargé de qualités spéciales de la lumière. D'ondulations en ondulations en effet la luminosité des effluves diminue pour arriver à disparaître entièrement. Eh bien, cette première ondulation, si proche de la flamme qu'elle semble se confondre avec elle, représente exactement le rapport qui existe entre le Prophétisme et Dieu. D'ailleurs, il est facile de s'imaginer dans la pratique que le rang assigné aux intermédiaires entre Dieu et l'homme soit supérieur à celui assigné à l'humanité. En poursuivant cette analogie, nous serons frappés de ce que la lampe se compose essentiellement de deux choses : l'huile, la flamme. Or l'huile y existe inconnue de nous jusqu'à ce qu'elle se manifeste par un phénomène qui frappe nos sens : la flamme. Cette flamme est la manifestation de l'existence de l'huile, et elle frappe nos sens par l'intermédiaire de la première ondulation qu'elle projette ; sans cette première ondulation la lumière n'existerait pas. Il est juste aussi de dire que si la flamme n'existait pas, la première ondulation n'existerait pas non plus, mais ceci démontre précisément que les existences de ces deux phénomènes sont indissolublement liées l'une à l'autre.

Nous avons vu que la première ondulation est vis-à-vis de la flamme ce que le Prophétisme est à Dieu, mais nous pouvons serrer de plus près cet exemple et comparer la flamme au premier Zikr et l'huile à Dieu. En effet, nous l'avons déjà dit, sans la flamme l'huile resterait ignorée de nous : mais qu'est-ce que la flamme sinon l'huile elle même ? Elle n'a ni la même forme, ni le même aspect, ni les mêmes qualités mais il n'en est pas moins vrai que les deux choses sont une.

mier Zikr qu'il a montré suivant sa propre décision [1]. Sache donc, qu'en ce sens, il est comme le Soleil. En effet, cet astre, s'il se lève jusqu'à la fin qui n'aura jamais de fin, ne sera, ainsi qu'il l'a été dans le passé, qu'un seul et même soleil. Or, c'est également Lui qui a été manifesté dans tous les prophètes et c'est Lui qui parle dans tous leurs livres. Il n'a pas eu de commencement parce que le commencement remonte à Lui qui est le Commencement, et il n'y aura pas de fin pour Lui parce que la fin se résout en Lui qui est la Fin.

1. Nous avons vu, dans la note précédente, que le Premier Zikr est le Prophétisme. Il est bien évident qu'en pareille matière l'individualité du Prophète importe peu, et l'on peut dire qu'aux regards de la raison, elle ne change pas. Ainsi que le soleil qui se lève à l'orient depuis le commencement du monde est celui qui brille aujourd'hui et brillera demain, ainsi le Prophète depuis sa première manifestation est resté le même. Si, dans sa révolution annuelle, le soleil parcourt les différents points du ciel que nous avons désignés sous les divers noms des signes du zodiaque, il en est de même pour le Prophétisme. Les noms des Prophètes ne sont pas autre chose que les noms des stations que le prophétisme, s'étant incarné, a faites dans l'humanité. Adam, ou pour rendre plus exactement la pensée du Báb, la première incarnation du Prophétisme connue sous le nom d'Adam, était parfaite en elle-même : elle était le Premier Zikr et elle avait la pleine connaissance des secrets de la nature Divine : mais elle devait adapter son enseignement à l'état d'enfance de l'humanité, se réservant de se manifester à nouveau dans la suite des siècles quand l'homme, ayant digéré les premières leçons reçues, serait apte à en recevoir de nouvelles : alors une seconde incarnation eut lieu. Que les hommes, à cette époque, aient donné à celui qu'ils considéraient comme un nouveau messager divin le nom de Noé, la faute n'en est imputable qu'à eux et à leur ignorance et non à Dieu ou au Prophète. Si ceux-ci n'ont pas éclairé immédiatement les créatures sur ce point fondamental, c'est qu'ils avaient bien d'autres vérités à leur faire connaître d'abord. Ouvrir tout d'un coup à l'humanité le rideau qui couvre la splendeur de Dieu, c'eut été aveugler l'homme et détruire la création. Moïse lui même, incarnation du Prophétisme, ne put contempler Dieu sur le Sinaï, parce qu'il était revêtu d'un corps identique au nôtre.

Peut-être pourrions nous dire que ce bas-monde est un collège : les professeurs sont les incarnations de la Science : chacun d'eux nous fait, dans sa classe un cours proportionné à notre intelligence et non pas à sa science, qui est parfaite. Ces Messieurs prétendent bien porter chacun un nom individuel mais ils se trompent, car, dans leurs fonctions, ils se nomment la Grammaire, l'Histoire, la Géographie, qui elles mêmes sont la Science. C'est bien M. X. qui fait le cours de philosophie, mais la philosophie n'en existerait pas moins si M. X. disparaissait.

C'est Lui qui, dans cette nouvelle révolution du monde vieux de 13000 ans, est connu sous le nom de *Nouqtè-i-Bèyàn*[1]. A la première évolution il était connu sous le nom d'Adam, puis sous celui de Noé à l'époque de ce prophète; il fut Abraham en son temps, puis Jésus, puis Mohammed Reçoul Allah. Enfin il est Celui que Dieu doit manifester après celui que Dieu doit manifester à son époque. Voilà l'explication du secret contenu dans la parole du Prophète de Dieu[2] : « Les Prophètes, c'est moi ». Oui, dans tous ne brillait et ne brille qu'un seul et même soleil[3]. C'est encore là l'explication du *Hadis* relatif à l'Imàm-Mèhdi[4] et dans lequel Imàm Dja'afer ous-Sadeq[5] a dit : « *O Créature, si tu veux voir Adam et Chit (regarde moi) moi je suis Adam et Chit; si tu veux voir Noé et son fils Sam, moi je suis Noé et son fils Sam; si tu veux voir Abraham et Ismaël, moi je suis Abraham et Ismaël; si tu veux voir Moïse et Joseph, moi je suis Moïse et Joseph; si tu veux voir Jésus et Chemhoun, moi je suis Jésus et Chemhoun; si tu veux voir Mohammed et l'Emir des Croyants*[6]*, moi je suis Mohammed et l'Emir des Croyants; si tu veux voir Hassan et Houssein, moi je suis Hassan et Houssein; si tu veux voir les douze imàms de la descendance de Houssein, moi je suis les douze imàms de la descendance de Houssein, sur lui soit le salut! Répondez à ma question! Et en vérité, je vous ai donné une nouvelle qui ne vous avait jamais été donnée jusqu'à présent....,* et ainsi jusqu'à la fin du H·dis. Or, il ne dit pas : « Je suis semblable à eux » — (il dit, je suis eux-mêmes) — car tout ce qui était en eux était en lui, et tout ce qui est dans leurs livres est de lui.

L'essence de ce discours est ceci que Dieu, dans Sa sublime

1. Le point de l'Explication, c'est-à-dire le Bàb lui-même.
2. Mohammed.
3. C'est-à-dire le Premier Zikr, le Prophétisme.
4. On sait qu'au début Sèyyèd Ali Mohammed s'était fait passer pour ce Messie.
5. 6me Imàm.
6. Ali.

sagesse, a donné le Qoran comme preuve de la Mission de Mohammed. C'était là un cadeau tel qu'il n'en avait jamais été fait de pareil à aucune nation avant Mohammed, tel, qu'un seul de ses versets est une preuve suffisante [1] pour tous ceux qui sont sur la terre. L'impossibilité où tous se trouvent d'en faire descendre un seul du Ciel est une preuve de la Puissance de Dieu.

Depuis le jour de la descente du Qoran jusqu'à celui de la manifestation du *Nouqté-i-Béyân* il s'est écoulé 1270 ans pendant lesquels les créatures ont été instruites dans cette même preuve et ce, afin qu'elles soient portées, dès qu'Il se manifesterait de nouveau, à se tourner vers le Soleil de la Vérité [2].

[1]. Le Bâb fait ici allusion aux versets suivants du Qoran : Si vous avez des doutes sur le Livre que nous avons envoyé à notre serviteur, produisez un chapitre au moins pareil à ceux qu'il renferme et appelez, si vous êtes sincères vos témoins, ceux que vous invoquez à côté de Dieu. Mais si vous ne le faites pas, et à coup sûr vous ne le ferez pas, redoutez le feu préparé pour les infidèles, le feu dont les hommes et les pierres seront l'aliment (Qorân II, 21-22). Disent-ils : c'est lui (Mohammed) qui l'a inventé ? Réponds leur : « Composez donc un seul chapitre semblable : appelez-y même tous ceux que vous pouvez, hormis Dieu, si vous êtes sincères (Qorân X. 39). Diront-ils : il a forgé lui même le Qoran ? C'est plutôt qu'il ne croit pas. Qu'ils produisent donc une œuvre semblable s'ils sont sincères (11-33-34.

[2]. De même que l'enseignement apporté par les Prophètes précédents était proportionné aux forces de l'humanité, de même les preuves de leur mission étaient adaptées à l'intelligence humaine de leur époque. Un enfant n'est frappé que par des images visibles, aussi les premiers prophètes saisissaient-ils leurs ouailles par des prodiges d'ordre matériel. La science des phénomènes terrestres ayant fait des progrès à l'époque de Moïse, Dieu donna à ce prophète une baguette à l'aide de laquelle il commandait aux éléments : il était le maître absolu de toutes les Puissances de la terre. Après lui, l'humanité ayant encore progressé, ces prodiges ne suffisaient plus : le Christ parut à l'époque où la médecine était en honneur : il lui fut donné le souffle à l'aide duquel il ressuscitait les cadavres : il n'est guère besoin de dire que ce don était supérieur à celui qu'avait reçu Moïse car, dans la résurrection des corps le monde divin est directement intéressé et renvoie, sur la demande du Prophète, l'âme qu'il avait déjà recueillie. Enfin l'humanité étant, par Jésus, presqu'arrivée à se débarrasser des erreurs de la matière, le Prophète suivant ne devait plus s'adresser qu'à l'intelligence, j'allais dire aux intellectuels. C'est donc par l'éloquence qu'il devait briller et celle-ci devait être divine : elle l'est dans le Qoran puisqu'il est l'œuvre de Dieu, et créé, d'après les chiites

Suivant leurs croyances à eux[1], le Livre surpasse tout ce qui pourrait être dit, en dehors de cette preuve : or, ce qui surpasse suffit, en dehors de ce qui lui est inférieur[2]. Répéter ce qui reste au dessous de ce fruit est sans aucune utilité pour le savant perspicace. Je ne le parle ainsi que dans le cas où je l'abandonnerai à ce que tu as appris d'autre part et où je dissimulerai avec toi dans l'argumentation : dans le cas contraire, tout ce que je te dis étant évident, c'est à toi à faire la preuve du contraire[3] ; mais tu ne peux penser

avant toute création : il serait la synthèse du Prophétisme, le premier Zikr matérialisé. Les Chiites pensent que Mohammed était le dernier des Prophètes : il semble le dire dans son Qoran, mais ceux qui l'interprètent ainsi ne saisissent pas le sens intime de la parole de Dieu. Nous avons déjà eu occasion de nous occuper de cette question, nous n'y reviendrons pas.

Donc le cycle du prophétisme reste ouvert. Or Dieu avait envoyé Mohammed seulement pour annoncer aux hommes que les futurs envoyés célestes seraient dénués du pouvoir de faire ce que le vulgaire s'obstine à appeler des miracles. Le seul miracle désormais, la seule preuve qu'un Prophète apportera avec lui de sa mission, ce sera le verset. L'Humanité a admis cette preuve, elle a été élevée dans la conviction qu'elle était le plus divin des prodiges et c'est quand cette notion s'est profondément ancrée dans les esprits, quand elle est devenue le dogme souverain que le Bâb a été manifesté, doué du pouvoir de faire descendre du ciel des versets.

1. Les chiites.

2. L'humanité a donc compris désormais la preuve intellectuelle de la mission d'un envoyé de Dieu : c'est la preuve tellement sublime qu'elle est divine. J'apporte, moi, aujourd'hui cette preuve divine Qu'avez-vous besoin d'autre chose et pourquoi demandez-vous de moi des miracles de l'ordre matériel, bons pour l'humanité à l'état d'enfance. Je vous donne ce qu'il y a de plus sublime, pourquoi me demandez-vous quelque chose d'inférieur ?

3. Si concise que soit en général la manière de s'exprimer de notre auteur sa pensée ne s'en dégage pas moins claire des textes pour le lecteur habitué à cette gymnastique. Le Bâb dit ici à son interlocuteur : « Dieu lui même t'a fait connaître que les versets étaient la plus haute preuve de la mission d'un Prophète ; tu as accepté sans discuter cette donnée, aussi crois-tu à Mohammed et à l'Islam. Or de même que tu crois à Mohammed révélateur de versets tu dois croire à moi qui en révèle également. Je ne t'en dis pas davantage car je ne discute avec toi qu'en m'appuyant sur les dogmes mêmes de tes croyances. Si tu veux t'élever contre moi, fais-le, mais c'est à toi de prouver que je suis un faux prophète. Cependant, où que tu conduises la discussion, songe bien

un seul instant que le verset ne soit pas un miracle supérieur
à ceux de tous les Prophètes : non, par Dieu, il les a surpas-
sés et les surpassera toujours.

Dans ce Livre je te fais connaître sept preuves irréfutables [1]
dont chacune serait suffisante, par elle même, comme argument définitif aux yeux de tou' .omme équitable.

Première preuve

Si les versets du Qoran n'étaient pas supérieurs aux miracles de tous les prophètes, comment ceux-ci auraient-ils été
abrogés par ceux-là. Comment seul, le Qoran serait-il resté ?
C'est là une preuve solide et parfaite que cette preuve est
supérieure (aux miracles accomplis par) la baguette de Moïse
ou autres miracles antérieurs des manifestations précédentes [2].

Deuxième preuve

Avec la religion que tu professes, tu ne peux trouver aucune échappatoire. En effet, suivant ce qui est écrit dans le
Qoran, tu dis : « Sauf Dieu, personne ne peut faire (descen-

que tu ne peux attaquer la preuve par les versets. Tout ce que tu dirais
en ce sens contre moi se retournerait contre Mohammed et tu attaque-
rais dès lors la religion que tu prétends défendre.

1. De la vérité de ma mission.

2. Tout le monde sait que le Qoran reconnaît dans le Christ le plus
grand des Prophètes : seul Mohammed le dépasse. Il y en a deux preuves, l'une intellectuelle, l'autre matérielle. L'intellectuelle est que,
comme nous l'avons vu, chaque prophète élargissait l'enseignement
donné par son prédécesseur immédiat : Mohammed venant après Jésus
et révélant une plus grande partie des secrets divins devait, par le fait
même, lui être supérieur. La preuve matérielle est dans l'existence du
Qoran : en effet, les prodiges accomplis par Moïse étaient transitoires,
il n'en reste plus aujourd'hui trace que dans la mémoire des hommes.
Jésus ressuscitait bien un cadavre, mais ce n'était que pour un certain
temps, et le corps, un moment ranimé, retombait dans la mort. Le
Miracle de Mohammed est au contraire éternel en durée : il ne s'est
pas produit seulement pendant la vie du Prophète pour disparaître
après lui, il existe encore, il se manifeste tous les jours et il se manifestera jusqu'à la fin des siècles.

dre du ciel) des versets (tels) qu'on puisse dire qu'ils viennent de Dieu ». Si une créature en avait pu produire, elle en
aurait certainement produit durant cette période de mille deux cent soixante et dix années. L'incapacité des créatur's le paraît donc, dès maintenant, bien évidente. Alors, remarque combien est parfaite la bonté de Dieu pour tous ceux
qui acceptent le Qoran, car il a fermé, pour eux, les portes du
doute. En effet, au moment même où ils voient des versets
(ils les doivent accepter), car il ne peut leur venir à l'esprit
qu'ils viennent d'un autre que Dieu. De plus, il est dit dans le
Qoran que personne ne peut créer même un *hadis*. Donc, un
homme sincèrement pieux et croyant ne peut laisser entrer
dans son cœur la pensée que les versets de mon *Biyân*
viennent d'un autre que Dieu[1]. Peut-être, la plume refuserait-elle son service à une telle œuvre, car enfin, elle est impossible à réaliser pour un musulman, combien plus encore,
et je demande pardon à Dieu de cette supposition, pour un
homme qui repousse l'islamisme.

J'en jure par les Purs Attributs de Dieu ! la bonté divine

1. Le Bâb s'appuie dans tout ce passage sur les versets du Qoran
que nous avons déjà cités. Il fait en outre allusion à ces versets : « Ce
ne sont pas les démons qui ont apporté le Qoran du ciel; cela ne leur
convenait pas et ils n'auraient pu le faire ; ils sont même privés du
droit de l'entendre dans le ciel. XXVII-210-211-212.

Il ne peut donc y avoir de doute pour le Musulman : le Qoran a été
créé par Dieu, les hommes et les démons sont incapables de produire
un seul verset ; donc, qui dit verset, dit œuvre de Dieu. Que si tu dis
que j'en suis moi-même l'auteur, tu infliges un démenti au Qoran qui
a prévenu ton objection; mais, ne l'eût-il pas fait, que Dieu est le
maître des événements de ce monde : s'il a donné aux Prophètes qu'il
a envoyés des preuves de leur mission, Il lui est impossible de ne pas
démasquer tout charlatan qui voudrait se faire passer comme envoyé
par lui, risquant ainsi le succès de son œuvre de salut. Comment dès
lors pourrait-il permettre à un faux prophète de produire des versets
qui, par définition, sont œuvre divine ? Au contraire, il paralyserait la
main qui voudrait les écrire, la langue qui voudrait les dire, le cerveau qui voudrait les composer avant qu'un tel blasphème pût avoir
lieu. D'ailleurs, puisque tu crois à la divinité des versets, puisqu'ils
sont œuvre de Dieu, puisque les hommes et les démons seraient incapables d'en produire, comment peux-tu dire que si j'en produis, ils ne
viennent pas du ciel.

a été parfaite pour tous ceux qui croient au Qoran car si
quelqu'un veut bien réfléchir à ce qui témoigne de la
vérité (divine) de ce Livre, (c'est-à-dire les versets), il ne
peut faire autrement que d'admettre l'émanation céleste de
n'importe quel verset de mon *Bèyàn*. Comment pourrait-il
douter? Comment pourrait-il n'être pas convaincu? Sois
franc, quelle différence y a-t-il entre le jour où tu t'es
connu toi-même et où tu es entré dans l'Islam par l'Évidence du Qoran et le jour où tu as vu le *Bèyàn* — auquel tu
n'as pas voulu croire.

Tu n'as pas vu Mohammed, cela est évident : tu ne vois
de miracle de lui que le Qoran. Eh bien, si c'est sans y rien
comprendre que tu as embrassé la religion, pourquoi l'as-tu
embrassée? Si, au contraire, c'est avec intelligence que tu
l'as choisie, quelle différence peut-il y avoir entre le moment
où tu as vu le Qoran, où tu t'es convaincu de l'impuissance
de tout homme à faire un livre semblable où enfin tu as
accepté la religion musulmane et le moment où tu as examiné le *Bèyàn* sans pouvoir te convaincre (de sa divinité)?
Est-ce que vraiment il faudrait que Dieu te donnât une
autre Preuve[1]? Quand il te demandera : « Pour quelle cause
as-tu embrassé la religion musulmane? », auras-tu d'autre
argument à invoquer que le Qoran? C'est là-dessus même
que Dieu confirme son témoignage.

Eh bien, de même que tu as embrassé la religion du
Prophète Arabe, de par son livre, tu eusses dû, de la même
façon, donner ta foi au *Nouqté-i-Bèyàn*. Car enfin, encore
une fois, tu n'as pas vu Mohammed et cependant tu as cru à
son livre : dès lors, de la même façon tu eusses dû, après
avoir vu un verset du *Bèyàn*, croire à tous ses versets
comme tu as cru à ceux du Qoran. Dieu n'a envoyé aucun

---

1. Est-ce que vraiment il faudrait que Dieu te donnât une autre
Preuve de la Divinité d'une mission quelconque et particulièrement de
la mienne, que celle qu'il a fixée lui-même pour l'Éternité, c'est-à-dire
les versets?

Prophète qui répande un livre issu de lui comme preuve de sa mission : c'est là un point particulier au *Noutgté-i-Béyân*, que s'il présente des versets à un musulman, ces versets sont, de par l'essence même du Qoran, une preuve complète et parfaite pour ce musulman. Oui, la vue seule d'un de ces versets (suffit) pour ceux qui ont l'œil intelligent et perspicace : pour les autres, je n'en parle pas, car ils ne sont pas dignes d'une pareille attention, Dieu ayant dit dans la plupart des Manifestations que ces signes sont pour ceux qui ont la Foi et l'Intelligence et non pour la grande majorité des créatures, qui ne sont pas en état de comprendre[1].

Ce sont là deux des sept preuves que je te donne, elles s'appuient l'une sur l'autre. La première est donc que les versets sont supérieurs à tous les miracles de tous les prophètes, la seconde est que Dieu seul a le pouvoir de faire descendre du ciel des versets.

1. Les livres de Moïse n'ont jamais été présentés comme preuve de sa mission. Les miracles, c'est-à-dire cette preuve, étaient dûs à sa baguette. Les Evangiles de Jésus sont le simple recueil de ses actes et de ses paroles : ce qui constituait ses miracles venant à l'appui de sa mission prophétique, c'était son souffle ressuscitant les morts. Chacun d'eux avait d'ailleurs été prédit par son prédécesseur. Pour Mohammed, la preuve qu'il est envoyé de Dieu, se trouve d'abord et avant tout dans la prédiction que Jésus a faite, dans les Evangiles de sa venue. Cela eut pu suffire, mais Dieu, ménageant l'avenir lui donna le Qoran. Il fut donc dépourvu du don des miracles inférieurs, mais il apporta un Livre dont la seule lecture démontrait l'origine divine. Il élevait ainsi la pensée humaine au spectacle des œuvres mêmes de la Divinité, et il préparait aussi le terrain pour ses successeurs, car une fois le Qoran, c'est-à-dire les versets, admis comme venant directement du monde céleste, les prophètes suivants n'avaient plus qu'à en présenter à leur tour pour être aussitôt reconnus. Ils n'ont plus à se préoccuper de prouver leur mission : leur langage suffit puisqu'ils s'expriment en versets. Il faut donc que les grands de la nation se soumettent et entraînent le consentement des autres, car ce n'est pas pour le vulgum pecus que les versets descendent du ciel sur la terre. Le bas peuple n'a qu'à agir comme il l'a fait depuis l'origine du monde, c'est-à-dire à suivre le mouvement. Car enfin quelques hommes seulement ont vu les miracles du Christ et ont cru en lui, les autres ne sont devenus chrétiens que sur le témoignage de ces témoins oculaires. Il en a été de même pour Mohammed avec cette différence que son miracle se produit constamment : mais pour qui ? pour les hautes

Vois comme Dieu éprouve ses créatures [1]. S'il avait donné au *Nouqté-i-Béyân* la baguette qu'il a remise à Moïse, pas un de ceux qui croient au Qoran ne serait resté dans le doute, tous auraient cru. Et voilà que Dieu lui a donné un signe supérieur à cette baguette, suivant la religion même des musulmans et le témoignage de leur livre : et bien des créatures ont été éprouvées et se sont retirées tout d'un coup. Cela provient de leur manque de religion et d'examen dans leur propre religion, car la seule vue ou la seule audition d'un verset dépasse le plus grand de tous les miracles des prophètes.

Troisième preuve

La Preuve de la Puissance Divine ressort constamment des versets.

Ne pense pas que ce soit œuvre facile (que d'en produire) ; leur création est plus merveilleuse que celle des créatures du ciel, de la terre et de ce qui est entre.

Reporte-toi simplement aux lettres de l'alphabet. Tout le monde s'en sert pour parler et Dieu les a manifestées d'un homme qui n'avait pas fréquenté les écoles. Personne, sur la surface du globe ne pourrait présenter une création semblable car elle n'est autre chose que la manifestation de la

intelligences et encore faut-il qu'elles soient versées dans la science de la langue arabe. Un persan qui connaît en général fort mal sa langue et pas du tout l'arabe, comment pourrait-il être frappé d'un miracle dont il ne peut même pas soupçonner la nature ? Il n'est musulman qu'à cause de l'exemple qui lui est donné par les grands et par suite du consentement universel. C'est pourquoi la responsabilité des hommes éclairés est terrible, en ce sens qu'ils ne sont pas seulement la cause de leur propre damnation mais encore de celles de milliers d'individus que leur conversion eut ramenés dans le droit chemin.

1. Elif. Lam. Mim. Les hommes s'imaginent-ils qu'on les laissera tranquilles, pour peu qu'ils disent : Nous croyons ; et qu'on ne les mettra pas à l'épreuve ? (Qoran XXIX, 1).

Puissance divine [1] et c'est un signe sans mélange de Sa grandeur. Mais les créatures vivent dans un monde périssable et elles ne peuvent s'arrêter à la sublimité et à la magnificence des versets; elles ne voient que leur propre nature et ne peuvent atteindre à la hauteur de ce témoignage qui subsistera jusqu'au jour du jugement [2].

Quatrième preuve

Les versets et le Livre sont supérieurs à n'importe quel miracle, de telle sorte que, pour le Musulman, il n'y a pas d'autre moyen que de croire à cette supériorité que Dieu lui-même a affirmée dans la Sourate de l'araignée :

Est-ce qu'il ne leur suffit pas que nous t'ayons envoyé le Livre dont tu leur récites des versets! Certes il y a dans ceci une preuve de la miséricorde de Dieu et un avertissement pour tous les hommes qui croient (Qorân XXIX. 50).

La plupart des passages du Qoran répondent aux demandes frivoles qui étaient faites au Prophète de Dieu. Par exemple, il est dit dans la Sourate des Bèni Israïl : (Qorân, Sourate XVII).

92. Ils disent : nous ne te croirons pas, à moins que tu ne fasses jaillir de la terre une source d'eau vive.

93. Ou à moins que tu n'aies un jardin planté de palmiers

1. Il y eut un temps où tu n'avais aucun livre à réciter, où tu n'aurais su tracer une seule ligne de la main droite. Oh! alors, ceux qui nient la vérité pouvaient douter. Q. XXIX, 47.

2. Nous l'avons déjà vu, les miracles de tous les prophètes antérieurs ont été transitoires, ceux de Mohammed, c'est-à-dire les versets, se reproduisent chaque fois que l'on ouvre son livre. Il en est de même pour ceux du Bâb qui consistent dans le Beyan. Il faut savoir que l'invention de l'alphabet est œuvre divine car Dieu préparait ainsi, pour l'avenir, la manifestation du plus sublime des miracles : remarquez que les hommes se sont servis des lettres mises ainsi à leur disposition : quand ont-ils fait des versets : jamais avant Mohammed, jamais après lui. Le Bâb paraît à son tour, il en fait descendre du ciel, quel voile aveugle dont les yeux des hommes qui ne croient pas en lui ?

et de vignes et que tu ne fasses jaillir des torrents du milieu
de ce jardin.

94. Ou à moins qu'un fragment du ciel ne tombe sur nous,
ou à moins que tu n'amènes Dieu et les anges comme garants
de tes paroles.

95. Ou à moins que tu n'aies une maison ornée de dorures,
ou à moins que tu ne montes au ciel : nous ne croirons pas non
plus que tu y sois monté, que lorsque tu nous feras descendre
un livre que nous puissions lire tous. Réponds leur : par la
gloire de mon Seigneur ! suis-je donc autre chose qu'un homme et un envoyé ?

Eh bien, maintenant, réponds moi franchement. Quelle
différence y a-t-il entre ces Arabes et toi qui, (comme eux)
demandes tout ce qui te passe par la tête. Si tu t'imagines que
l'esclave[1] peut faire tout ce qu'il veut, tu te trompes. Ce pouvoir est dans la main de Dieu. S'il avait été entre les mains
de l'esclave il ne serait pas resté un seul infidèle sur la surface du globe, car les confessions dont toutes les espérances
auraient été réalisées (par leur Prophète) eussent cru en lui.
Je me réfugie en Dieu ! si tu acceptes comme preuve ce que
Dieu lui-même a établi comme tel, si tu crois en Lui et cher-

---

1. L'esclave de Dieu, l'homme. J'ai été longtemps indécis sur l'interprétation à donner à ce passage. J'ai cru d'abord que par le mot esclave, le Bâb voulait parler de lui et disait dès lors qu'il n'était pas le
maître de faire tout ce qu'il voulait. Cela semblait conforme à ce qui
précède et à ce qui suit ce passage, mais mettait entre lui et Mohammed,
d'après le passage du Qoran ici cité, une trop grande différence.
En effet, Mohammed s'y qualifie d'homme et d'envoyé, le Bâb ne pouvait faire moins. Il faut donc comprendre ainsi ce passage : Dieu donne
comme témoignage d'une mission tel pouvoir qu'il veut à son envoyé,
et ce témoignage doit suffire. Les créatures, par l'intermédiaire de
leur prophète, ne peuvent obtenir tout ce qu'elles demandent en plus.
C'est à Dieu à décider s'il doit l'accorder ou non. Mais, comme il veut
éprouver les hommes (v. passim) il refuse le plus souvent et dès
lors ceux-ci s'en pr[illegible]nt Prophète. Si Dieu n'en agissait pas ainsi,
si par l'intermédia ce de son Prophète il accordait à ses créatures tout
ce qu'elles deman[illegible]nt, pas ne, voyant son vœu réalisé, ne resterait
dans l'incrédulité : mais al quel mérite y aurait-il à croire au Prophète et à lui obéir ?

ches à le satisfaire, alors comment veux tu lui apporter la preuve de la foi sur des faits qui ne lui plaisent ni ne peuvent lui plaire : il l'a défendu dans la sourate de l'abeille aux esclaves qui ne croient pas aux versets : (Qoran, S. XVI).

107. Certes, Dieu ne dirige point ceux qui ne croient pas en ses versets : un châtiment cruel leur est réservé.

108. Ceux qui ne croient pas aux versets de Dieu commettent un mensonge, ils sont des menteurs !

Fais bien attention à ceci : dans chaque manifestation c'est précisément là le point [2] où s'égarent la plupart des créatures qui se trompent de route et vont du Paradis de la Foi dans l'enfer de l'irréligion. Sache bien que celui dont la Preuve a été attestée, vient de Dieu. Cela suffit comme preuve, ainsi que Dieu le dit, dans le Qoran, par la bouche de Moïse : (Qoran, XX, v. 49).

Nous venons chez toi avec un signe de ton Seigneur : que la paix soit sur celui qui suit la voie droite.

Si la preuve de Moïse et d'Aaron contre Pharaon n'avait pas du être parfaite dans un seul signe, Dieu ne l'eut pas affirmé dans ce verset. Tu vois dès lors qu'un seul verset suffit à prouver une mission.

Cinquième preuve

Dieu, d'après le Qoran, n'a pas donné d'autre preuve de la

1. Tu es musulman, tu crois en Dieu et tu cherches à lui plaire pour trouver ton salut : alors pourquoi agis-tu contrairement à ses ordres. Il te dit : « Mohammed n'a pas le don des miracles matériels. La preuve que j'ai donnée de sa mission sont les versets du Qoran. Il faut donc que tu crois à ces versets sans demander autre chose ; si tu n'y crois pas, un châtiment cruel t'est réservé ». Eh bien, je ne te dis pas autre chose moi-même, et je t'apporte comme preuve de ma mission ces versets auxquels tu dois croire. Tu me demandes je ne sais quel miracle, les versets ne te suffisent donc pas ? en ce cas, attends-toi au châtiment.

2. Les hommes ne s'en tiennent jamais à ce que dit le Prophète : ils changent à chaque instant le terrain de la discussion.

mission de Mohammed que celle qui découle des versets[1]. C'est ainsi qu'il dit dans la Sourate des Bèni Israïl :

XVII. 90. Dis : *quand les hommes et les génies se réuni-raient pour produire quelque chose de semblable à ce Qoran, ils ne produiraient rien de pareil, lors même qu'ils s'aideraient mutuellement.*

Ces miracles dont on parle aujourd'hui dans les livres re-lativement au Prophète, s'ils avaient eu une valeur quelcon-que, Dieu en eût fait la preuve de la mission de son envoyé : s'il en est parlé dans le Qoran, il n'en est pas moins vrai que Dieu n'en a pas fait le « témoignage » de la mission de Mo-hammed. Par exemple, LIV-1 :

La lune fut fendue en deux.

Dieu seul sait ce que veut dire ce verset ainsi qu'il est écrit d'autre part :

III. 5. *Il n'y a que Dieu qui en connaisse l'interprétation et les hommes d'une science solide.*

Sixième preuve

Avec toi je ne discute qu'en m'appuyant sur le témoignage de la raison.

---

1. Ici le Bâb, au point de vue chiite, entre dans le blasphème et l'im-piété. Cette phrase, en effet, n'est qu'une manière de nier les miracles du Prophète, et quels miracles : ceux qui sont mentionnés dans le Qo-ran même, car, s'il ne parle ici que de la lune fendue, il sous-entend aussi l'ascension de Mohammed au ciel. Il ne cherche même pas à donner une explication quelconque, dédaigneusement il dit : Dieu seul sait ce que veulent dire les versets où il est question de ces miracles. Je niais un jour moi-même ce miracle en causant avec un Moujtéhéd. Il me demanda la raison de mon incrédulité. Je crus devoir lui répon-dre que comme la Lune ne brillait pas sur l'Arabie seule, les autres peuples eussent été témoins de cet étrange phénomène. Mais aucun astronome ne l'a relevé, aucun historien ne l'a mentionné. « C'est, me répondit-il, que, comme vous étiez des infidèles, Dieu n'a pas voulu vous montrer son miracle. Il a amassé des nuages autour de la lune. de façon à ce qu'elle n'éclairât que l'endroit où se trouvaient Moham-med et ses compagnons : le miracle ne fut visible que pour eux. »

Si quelqu'un veut aujourd'hui embrasser la religion musulmane, le témoignage divin est-il complet pour lui, oui ou non? Si tu dis non, alors, après la mort, comment Dieu pourra-t-il châtier ce quelqu'un? pendant sa vie, comment pourra-t-on lui reprocher de n'être pas musulman? si tu dis oui, pourquoi oui? si c'est simplement parce que tu l'affirmes qu'il le croit, ce n'est vraiment pas là un argument; mais si tu dis : « oui, par le Qoran » alors tu as raison et tu donnes un argument solide et irréfutable.

Veuille maintenant jeter un coup d'œil sur la manifestation du *Bèyân*. Si l'un de ceux qui croient au Qoran voulait argumenter en sa faveur comme il le fait vis à vis de celui qui est contraire à la religion islamique, personne ne resterait dans l'opposition et tous trouveraient le salut au jour du jugement dernier [1]. En effet, si un chrétien dit : « Moi je ne comprends rien au Qoran, comment peut-il être pour moi un témoignage? » c'est là un raisonnement qui ne mérite pas un moment d'attention. Eh bien, c'est là le cas des adorateurs du Qoran qui disent : nous ne comprenons pas l'éloquence des versets du *Bèyân*, qui ne peuvent donc être un témoignage pour nous. A l'homme qui parle ainsi il n'y a qu'à répondre : « O ignorant, comment se fait-il que tu sois devenu un musulman? Tu n'as pas vu le Prophète, tu n'as pas vu les miracles : si c'est sans comprendre que tu l'es devenu, pourquoi l'es-tu devenu? L'es-tu devenu sur l'aveu que les maîtres de la science et de la connaissance t'ont fait de leur impuissance (à produire des versets) ou bien es-tu humble et soumis à cause des dispositions innées déposées en toi et qui t'ont fait entendre la parole de Dieu — ce qui est un des signes de l'amour de la science [2] — alors, pour toi la preuve reste complète. Dès lors, puisqu'auparavant tu agissais suivant ton âme, agis de même aujourd'hui en ce qui concerne le *Bèyân*.

1. Car ils eussent cru en moi.
2. Autrement dit la grâce.

Septième preuve

Suivant la croyance universelle, Dieu savait, sait, pouvait et peut tout. Aussi lorsque quelqu'un se présente disant venir de Sa part et en apporte un témoignage évident, si Dieu ne manifeste personne pour mettre à néant ses affirmations, c'est une preuve qu'il vient réellement de Lui et qu'il en est aimé. Par cela même que Dieu est consentant et que malgré Sa Toute Puissance Il n'a suscité aucun adversaire, Il démontre que le Prophète a été envoyé par Lui et qu'il Lui est agréable[1].

Voici ce que je te recommande en ce qui regarde le *Bèyân*. Pour chaque manifestation, veuille bien rester, en ce qui la concerne, sur le terrain même des arguments de cette manifestation. Ne t'égare pas en dehors des routes des convenances et de la sincérité.

Par exemple, dans le cas de Mohammed, Dieu a voulu prouver la véracité de sa mission par les versets. Si tu es un homme loyal, discute sur le terrain même qui sert d'appui à cette mission[2] et non sur des questions qui te feraient entrer sur un autre terrain et que d'ailleurs Mohammed ne t'a pas proposées : tu ne peux donc les discuter[3].

---

1. Dieu a créé l'homme pour être connu de lui, il ne peut donc admettre qu'il soit détourné, avec son consentement, de la route qu'il lui a tracée. A l'époque des siècles de magie, les prophètes se sont montrés supérieurs aux magiciens, à l'époque où florissait la science médicale, Jésus s'est montré supérieur aux médecins, enfin à l'époque de l'éloquence, Mohammed a surpassé tous les poètes : il peut y avoir des gens qui ne le comprennent pas, mais la faute n'en est pas imputable à Dieu. Si Dieu, après avoir démontré qu'aucun être humain, qu'aucun génie n'était capable de produire les versets dont il avait fait la preuve de la mission de Mohammed, permettait à un charlatan d'en produire à son tour, il tromperait l'humanité en la laissant croire à la véracité de ce charlatan. Il commettrait ainsi une faute vis-à-vis de la créature, ce qui est impossible.

2. C'est-à-dire, discute les versets. Or tu ne peux le faire, car tu deviendrais immédiatement infidèle.

3. Allusion aux versets du Qoran déjà cités. De plus, continuant sa pensée précédemment énoncée, le Bâb met au défi son adversaire de trouver

Toutes ces odes que les arabes ont faites au début de la mission du Prophète, ont-elles porté des fruits[1]? Leurs auteurs voulaient s'opposer par elles au Prophète! mais c'était à eux à produire non pas des odes, mais des versets semblables aux siens. Remarque que dans aucune manifestation il n'y a eu et il n'y aura d'autre moyen pour les hommes doués de science et d'intelligence, et cela d'ailleurs, en dernière analyse donne lieu aux remords, car le Témoignage de la manifestation demeure et tout ce qui lui est opposé passe, comme émanant de la créature et par suite frappé d'impuissance. Le Témoignage subsiste, et il ne reste rien de l'opposition.

Penses-tu que la prison prévale contre le Témoignage? Parmi les Prophètes, Joseph a été emprisonné, et parmi les successeurs, Mouça ibn Dja'afèr. Tous deux n'étaient-ils pas envoyés de Dieu? Rien de ce qui semble tendre à détruire le Témoignage ne peut être invoqué comme preuve (contre lui). Tu connais l'histoire et tu sais ce qui est arrivé à Zacharie et au Seyyèd des Seyyèds. Tous les deux n'étaient-ils pas prophètes. Je ne te dis d'ailleurs tout cela pour te faire bien réfléchir.

Quand tu dis : « En conscience je ne suis pas convaincu, sinon je serais devenu croyant » sache, qu'en conscience, ce que tu en dis est une pure erreur, car tu n'as aucune preuve sur la matière. Examine le peuple de David. Ce peuple fut élevé durant cinq cents années avec les règles des

d'autres preuves de la mission de Mohammed que le Qoran lui-même. « Le Prophète Arabe n'est l'auteur d'aucun miracle, il est purement et simplement le messager qui a apporté du ciel le Qoran. Il n'a jamais prétendu être autre chose. Je suis identiquement comme lui, et s'il était ridicule à ses adversaires de lui demander des miracles, il en est de même pour les miens qui m'en réclament à leur tour. »

1. Les adversaires de Mohammed écrivirent des odes de toute beauté, en le mettant au défi d'en produire de semblables; leur demande était stupide. C'était à eux, le miracle de Mohammed étant de faire descendre du ciel des versets, à produire à leur tour des versets comparables ou supérieurs à ceux de Mohammed. L'impuissance où ils furent de le faire, démontre surabondamment que le verset est œuvre divine.

Psaumes, tant qu'enfin, il arriva à la perfection dans cette religion. Alors Jésus se manifesta. Quand il parut, quelques-uns des sectateurs du Psalmiste crurent en lui, les autres le repoussèrent. Eh, bien les deux camps croyaient en conscience avoir chacun raison et certes, ni l'un ni l'autre n'était poussé par l'intention de blasphémer le Seigneur. C'est exactement ce qui se passe pour toi. Tu n'as pas non plus le désir de l'élever contre Dieu, peut-être au contraire ne recherches-tu la certitude que pour acquérir la Foi. Imagine toi pour un instant que tu es du peuple de David : s'il avait pensé que Jésus fut réellement le Prophète prédit par les Psaumes, tous, sans exception, eussent cru à la vérité de sa mission et pas un seul ne fut resté dissident.

Prête-moi encore ton attention sur ce point : depuis le jour de la Manifestation de David jusqu'au début de celle d'aujourd'hui, il s'est écoulé deux mille deux cent soixante et dix années. Or, il existe encore à notre époque, des gens dont la religion se base sur les Psaumes et qui s'imaginent être dans les voies de Dieu. Cette prétention de leur part n'a aucune valeur aux yeux des Chrétiens. Que peut-elle valoir aux regards de Dieu !

Si nous examinons le peuple de Moïse, nous constaterons le même phénomène. Pendant mille ans, ce peuple fut élevé dans la religion Mosaïque et y parvint enfin à la perfection. Alors eut lieu tout ce que Moïse leur avait promis au sujet de la manifestation de Jésus après David. Un petit nombre d'entre eux crut au Fils de Marie. Le reste, malgré ses efforts pour suivre les voies de Dieu et croire aux paroles de Moïse, ne put atteindre la certitude et il resta ainsi station-naire, attendant encore le Messie. Quelle valeur cette façon d'agir a-t-elle aux yeux des Chrétiens ? et combien moins encore en a-t-elle aux regards de Dieu !

Passons à la nation chrétienne. Pendant cinq cents années elle fut élevée dans sa Loi comme ses ancêtres l'avaient été dans celle de Moïse. Quand elle fut arrivée à la perfection dans sa religion, Dieu suscita Mohammed Reçoul Allah. Jésus avait de façon fort précise[1] ordonné à sa nation de croire en lui quand il se manifesterait. Cette façon de faire a d'ailleurs été suivie par tous les Prophètes, car aucun d'eux n'a été manifesté qui n'ait prescrit à sa nation de croire au Prophète qui lui succéderait. Or, tu sais parfaitement ce qui se passa après la manifestation de Mohammed. Ce fut à tel point que lui-même s'écria : « Aucun Prophète n'a été tourmenté comme je le suis. » Et cependant, tous ceux qui marchaient dans les voies de Dieu à cette époque, c'est-à-dire les chrétiens, étaient dans l'attente de son apparition. Nuit et jour ils priaient dans l'espérance d'être au nombre de ceux qui le confesseraient et attireraient à lui tous les cœurs. Mais, quand il fut manifesté, personne ne crut en lui, si ce n'est l'Émir des Croyants et quelques rares personnes ; et pourtant l'univers ne vivait que pour Lui !

Il y a ici un secret que je te vais apprendre, car tu n'en as jamais entendu parler.

Examine les peuples de tous les Prophètes. L'origine de leurs œuvres est dans les paroles mêmes de leur Prophète ; il s'en suit que ces œuvres sont faites pour lui. Or, comme le Prophète est le Miroir de Dieu, on n'y peut voir autre chose que Dieu ; dès lors ces œuvres sont toutes pour Dieu et uniquement pour Lui.

Or, de même que l'origine et les œuvres de toute nation tirent leur cause première de son Prophète, de même convergent-elles vers le Prophète suivant[2]. Ainsi, au jour de la

---

1. C'est en effet la conviction de tous les musulmans, ils s'appuient sur les prophéties concernant le Paraclet qu'ils traduisent par Periclitos. Or ce dernier mot correspond au mot arabe Ahmed ou Mohammed.

2. Les Prophètes se sont succédés depuis le commencement des siècles et se succéderont jusqu'à leur consommation. Or, chacun a eu soin de prévenir de l'apparition de son successseur en termes intelligibles pour ceux qui marchent dans les voies de Dieu. Il s'ensuit donc que si l'enseignement de Jésus est le complément de celui de Moïse, il

manifestation de Mohammed le monde était uniquement préoccupé de lui, mais tous ne comprirent pas qu'il était apparu, car sans cela ils ne se fussent pas séparés de leur ami[1]. Vois un peu ce sabot qu'on croit provenir du pied de l'âne de Jésus. Quelle importance on lui donne et comme les chrétiens vont en foule en pèlerinage pour le voir[2] : c'est par ce moyen qu'ils cherchent à se rapprocher de la Divinité! Un Prophète comme Mohammed se manifeste et durant sept années personne ne veut croire en lui! Vois le bel équilibre des actions humaines! Et cependant, ces chrétiens, s'ils avaient pu acquérir la certitude que ce Prophète était bien l'Ahmed promis[3] pas un seul d'entre eux ne se fût éloigné de Mohammed. Il y avait parmi eux des gens d'une

est en même temps la préparation de celui de Mohammed. Jésus a semé une graine dont le fruit doit être mûr à l'apparition du Reçoul Allah, et ce fruit est la Foi en Mohammed. Il se peut que cette graine tombe sur un mauvais terrain : dès lors elle ne germe pas et ne produit pas son fruit, comme il se voit chez les chrétiens qui refusèrent de devenir musulmans; mais il se peut aussi qu'elle germe en terrain favorable comme il s'est rencontré pour ceux qui ont cru en Mohammed. *Multi enim vocati, pauci vero electi.*

1. Mohammed.

2. J'avoue avoir longtemps cherché ce que le Bâb voulait entendre par ce « sabot de l'âne de Jésus ». Pendant plus de trois ans mes investigations n'aboutirent qu'à me démontrer que tous les chiites nous croyaient adorateurs de ce sabot. L'explication que j'en vais donner aujourd'hui peut paraître fantaisiste, mais comme j'ai assisté moi-même à la conversation que je vais rapporter, je ne puis que constater la singulière confusion qui s'est établie entre l'âne sur lequel N. S. était monté quand il entra à Jérusalem, et la mule du Pape.

La scène se passe dans un des grands ports de la Méditerranée Orientale. Je me trouvais avec quelques personnes dans une salle, quand entra un personnage qui, pour les besoins du service, approchait le Saint-Père de très près. « Demandez-lui des nouvelles de la mule du Pape », dit un de ces Messieurs. — « C'est moi, reprit un autre, qui voudrais bien être la mule du Pape! Bien nourrie, bien logée, rien à faire qu'à se laisser embrasser par les pèlerins et les jolies pèlerines, c'est un joli métier! » Or ces Messieurs étaient chrétiens, et qui plus est catholiques. La langue qu'ils employaient communément était le Français. J'eus toutes les peines du monde à les convaincre que la mule en question était une chaussure et non un quadrupède.

3. Voir note 1, page 22.

science incontestable qui jeûnaient et se mortifiaient pour plaire à Dieu. Puis, lorsque celui pour lequel ils agissaient ainsi fut manifesté, ils lui dirent : « Tu n'es pas Celui que Jésus nous a promis ».

Ne pense pas que ces gens ne fussent pas attentifs dans leur religion ou qu'ils ne voulussent pas croire. Peut-être, au contraire, ce manque de certitude et de Foi provient-il précisément de leurs trop grands scrupules religieux. Ils se croyaient sur les voies de Dieu, mais certainement, s'ils avaient pu acquérir la conviction que Mohammed était bien le Prophète de Dieu promis par Jésus, tous l'eussent accepté en un clin d'œil. Tu remarqueras qu'en vérité leur prétention n'a aucune valeur aux yeux des musulmans, que peut-elle valoir aux regards du Créateur, de son Prophète et des témoins de sa religion ! Leurs actions deviennent dès lors sans but et sans portée alors qu'ils croient en vérité agir suivant l'agrément de Dieu.

Il n'y eut, suivant l'histoire que soixante et dix conversions de chrétiens à Mohammed. La faute en retombe sur leurs docteurs, car si ces derniers avaient cru, ils auraient été suivis par la masse de leur nation. Vois alors ce qui se passe. Les savants chrétiens sont savants par ce fait qu'ils sauvegardent la doctrine du Christ, et voilà qu'ils sont eux-mêmes cause que les créatures n'ont pu accueillir la Foi et trouver le Salut. Va donc et instruis-toi[1]. La nation tout entière de Jésus obéit à ses chefs dans le but de trouver le salut au jour du jugement dernier et cette obéissance l'a conduite tout droit au feu de l'enfer car, lors de l'apparition de Mohammed elle n'a pas compris que c'était le Prophète (promis). Dès

---

1. La doctrine chrétienne n'est qu'une préparation à la doctrine mahométane. Aussi, si d'une part les docteurs chrétiens avaient raison de sauvegarder la doctrine du Christ, ils eurent tort, d'autre part, de ne pas comprendre qu'elle avait pour couronnement Mohammed. Quand celui-ci parut, ils ne crurent pas en lui, précipitant ainsi leurs ouailles dans la perdition. Que cet exemple te serve de leçon.

lors, va, sois donc disciple d'un savant, ou plutôt non, ne sois ni savant ni disciple d'un savant aveugle, car tous deux sont périssables au jour du jugement dernier. Sois un savant clairvoyant[1], car tu n'observes dans chaque nation que des millions de gens aveuglés (dont un petit nombre) trouve un peu de clairvoyance (au moment de la manifestation). Aies un peu pitié de toi-même et ne te détourne pas des preuves et des arguments (qu'on te présente). Ne donne pas comme tels les produits de ton imagination ; contente-toi de ceux que Dieu lui-même a fixés. Sache qu'être savant n'est pas une gloire, pas plus qu'être le disciple d'un savant ; chez le savant c'est la science qui est glorieuse[2] si elle est approuvée par Dieu ; et le disciple de ce savant est dans la vraie voie quand son obéissance (à son maître) est agréable à Dieu. Ne te forge pas d'imaginations sur ce qui peut être agréable à Dieu : ce n'est pas autre chose que la Foi en son Prophète.

Revenons à la nation du Christ. Chaque chrétien cherchait donc l'approbation de Dieu cependant que pas un seul n'a cherché l'approbation de Mohammed, ce qui était cependant l'origine même de l'approbation divine. J'ai dit pas un seul, j'en excepte les soixante et dix chrétiens qui ont cru en l'apôtre. Depuis l'apparition de Jésus jusqu'à celle du *Nouqté-i-Bèydn* 1770 ans ont passé[3] et aujourd'hui encore les chrétiens s'imaginent marcher dans les voies du Seigneur alors que seuls les soixante et dix individus dont j'ai déjà parlé ont agi de façon à être approuvés par Dieu. Tous les autres pensent être agréables au Seigneur, et combien ils en sont loin !

1. Sois Bibi.

2. La science ne tire pas sa gloire de celui qui la possède, elle l'honore au contraire.

3. On sait que le Bâb compte 1270 ans entre la mission de Mohammed et la sienne. Il prend en effet pour point de départ non pas l'hégire, mais la première proclamation du Prophète Arabe. Or il a dit plus haut en chiffres ronds que 500 ans s'étaient écoulés entre Jésus et Mohammed. De là le nombre approximatif 1770.

Ne crois pas que ce soit par intelligence et par perspicacité qu'ils suivent les règles de leur religion. Peut-être faut-il dire que tout individu né dans une religion quelconque s'attache à suivre les préceptes au milieu desquels il a été élevé. Vois-tu jamais un chrétien devenir musulman, ou du moins c'est bien rare, ou bien un musulman devenir chrétien, ce qui est impossible ? Tu es peut-être bien heureux d'être né dans une religion émanant de Dieu, car il aurait pu se faire que tu n'aies pas la pénétration nécessaire pour reconnaître la vérité : il faut que tu l'acquières cette pénétration, car celui qui n'a pas la grâce de Dieu, n'a pas la clairvoyance.

Vois, 1270 années se sont écoulées depuis l'apparition de Mohammed jusqu'au début de la manifestation du *Béyân* et tous (les musulmans) ont vécu dans l'attente du Mehdi caché que Mohammed avait prédit en disant :

« *Si rien ne restait du monde qu'un seul jour, Dieu allongera la durée de ce jour jusqu'à ce qu'il suscite un homme d'entre mes enfants dont le nom sera le mien* ».

La base de l'Islam est la parole du Prophète, il est juste qu'il retourne à lui[1]. Alors Dieu a manifesté le Bâb en lui accordant le même témoignage qu'il avait accordé à Mohammed, afin que pas un des sectateurs du Qoran ne puisse conserver un doute à son égard. En effet, il est dit dans le Livre Sacré qu'aucun autre que Dieu n'a le pouvoir de faire descendre des versets. Or les musulmans sont témoins que durant douze cent soixante et dix années personne n'est apparu qui en produisit et maintenant, c'est avec ce Témoignage que Celui qui a été promis et que les hommes attendent a été manifesté par Dieu. Il l'a été d'un endroit auquel personne ne songeait, en la personne d'un individu auquel nul n'aurait pensé, n'ayant pas dépassé vingt-cinq ans, et d'un rang qu'on n'a pas coutume d'honorer parmi les grandes intelligences de l'Islam.

---

1. En la personne d'un de ses descendants.

La gloire vient donc à chacun suivant sa science. Or, vois sur quoi repose la gloire des *ouléma*: sur l'interprétation des versets divins. Dieu a assigné un rang élevé à cette interprétation puisqu'il dit :

« Ne comprennent le sens du Qoran que Dieu et celui qui est doué d'une science solide [1] ».

Et voilà que c'est par l'intermédiaire d'un jeune homme de vingt-cinq ans, ignorant de toute science qu'il manifeste ses versets ! Si les docteurs de l'Islam cherchent à acquérir la gloire par l'interprétation du texte sacré, ce jeune homme affirme sa science par la production même des versets. Aussi ne devrait-il y avoir pour ces docteurs aucune hésitation à le reconnaître.

De plus, le Qoran est descendu du ciel dans l'espace de vingt-trois ans, tandis que Dieu a accordé au Bâb une force et une puissance telles que s'il le veut, il peut, dans l'espace de cinq jours et de cinq nuits, sans interruption, en faire descendre autant qu'en contient le Livre sacré. Dis moi, ce pouvoir est-il spécial au Bâb, ou bien l'un de ses prédécesseurs a-t-il déjà eu cette faculté ?

Après l'interprétation des versets (du Qoran), la gloire vient de l'aptitude à produire des oraisons jaculatoires. Tu as vu dans le *Misbah ouch-Chèriyèh* ce que S. A. Sadeq a dit de la prééminence de ces oraisons :

Il n'y a pas dans ce monde de possibilités de plus haut rang pour un esclave de Dieu que d'être possesseur du souffle des oraisons jaculatoires ».

Or, Dieu a manifesté du Bâb des oraisons jaculatoires sans nombre et telles que le plus éloquent, demeurant confondu, n'ose s'asseoir à son ombre pour en composer de semblables. Vois le secret de l'unité : Dieu n'avait accordé à personne le pouvoir de faire en six heures couler de sa plume mille vers de ce genre, ainsi qu'il a été prouvé (que le Bâb l'a fait). Regar-

1. Qoran, III, 5.

de, est-il dans la religion musulmane de rang plus élevé que celui de la personne inspirée du souffle des oraisons. Vois ensuite les *Khotbè*[1] (du Bàb) et la science immense avec laquelle il a écrit des commentaires du Qoran, avec les termes techniques mêmes usités chez les *ouléma*. Tant qu'enfin les gens d'un rang élevé furent attirés vers lui et que ceux qui étaient doués d'intelligence n'hésitèrent pas une seconde à croire en lui[2].

Maintenant, si tu veux bien y réfléchir, tu verras que cette nouvelle manifestation est par elle-même un témoignage évident, une preuve complète. En effet, Mohammed, qui révéla les versets, grandit durant quarante années parmi les Arabes. Or le Bàb a produit des versets de la même valeur, des oraisons jaculatoires, des *Khotbè*, bien des secrets obscurs, des prières de pèlerinage, des œuvres arabes et persanes d'un tel genre qu'un homme d'intelligence, ne peut pas ne pas constater que le tout émane de Dieu. Fais en l'épreuve : les docteurs de l'Islam, après soixante années de travail, s'ils veulent écrire une page en arabe, sont obligés de peser la valeur de chaque mot et les règles de la grammaire. Peut-on comparer leurs œuvres au texte sacré ? S'ils écrivent une *Khotbè*, ils le font en empruntant les paroles mêmes de la famille du Prophète. Les termes scientifiques de la langue arabe n'ont jamais fait et ne font la gloire de personne : pourtant Dieu a pris le soin de manifester le Bàb complètement ignorant de cette science (avant la manifestation) afin que tout le monde pût se convaincre (aujourd'hui) que (chez lui) elle vient de Dieu et ne provient pas de l'étude. Acquérir la science de l'arabe est indispensable pour arriver à com-

1. Les sciences sont faites pour arriver à la compréhension des versets, et non pour autre chose : ceux qui les acquièrent dans le but d'en tirer profit en ce bas-monde, les acquièrent dans un but frauduleux. Ceux qui sont savants et ne comprennent pas les versets, sont savants par erreur : ils ne savent pas plus se servir de la science qu'un sauvage de la règle et du compas.

2. Le Bàb.

prendre le Livre de Dieu : hors cela, à quoi servirait-elle ? Mais la Puissance de qui découlent les versets, quel besoin a-t-elle de cette science ?

Par elles-mêmes les sciences ne sont pas d'absolue nécessité : l'enlumineur peut en dire autant de la règle et du compas, la grammaire, du sujet et du complément. Il n'y a entre tous ces points aucune différence. Tu vois certainement d'une façon tellement évidente que ces arts sont acquis et issus de la Science, que je n'ai pas besoin de m'appesantir sur ce sujet.

Vois combien s'est répandue de par le monde l'astrologie au sujet de laquelle le prophète a dit :

Les astrologues ont dit des mensonges, j'en jure par Dieu de la Kaaba.

C'est au point que chaque grand personnage a un astrologue à son service !

La science religieuse ? elle s'acquiert dans un but frauduleux et s'occupe fort peu de Dieu ! ce sont les fonctionnaires du Gouvernement qui comblent les *ouléma* d'honneurs et de dignités ; si ces docteurs venaient de Dieu, quel besoin auraient-ils de l'immixtion des fonctionnaires dans les règles de leur religion. Tout cela provient de la faiblesse des hommes oublieux d'envisager la Grandeur et la Puissance de Dieu éternel.

Vois comment l'Altesse attendue a manifesté sa vérité aux yeux des Musulmans pour leur ouvrir la voie du salut. Elle, le premier rayonnement de la Création et le Miroir de Dieu, Elle a condescendu à se présenter sous l'aspect de la « Porte qui conduit à la connaissance du descendant caché de Mohammed ». Dans son premier livre [1] il a parlé au nom des lois du Qoran afin que les hommes ne fussent pas troublés par le Nouveau Texte et la loi Nouvelle ; afin qu'ils pussent se convaincre que ce texte et cette loi sont en relation avec leur propre livre, afin qu'ils ne restassent pas dans l'obscuri-

1. *Ahcan oul-Qessds.*

té, et comprissent ainsi qu'ils ont été créés pour cette loi
même. Il y a toutefois une question digne d'examen : (quoiqu'il se soit présenté comme la Porte qui conduit à la connaissance de l'Imâm Mèhdi) il est des sectateurs du Qoran
qui n'ont pas compris : et cependant tous sont instruits des
promesses du texte sacré. Celui qui, repoussant loin de lui
ceux[1] qui se laissent guider par leur imagination, se renferme
dans les limites apparentes du *Chériat*, celui là est le savant
qui vit dans le royaume de l'agrément de Dieu, celui-là agit
suivant la vraie science et marche sur la route qui conduit à
l'approbation de l'altesse[2]. Il foule le terrain de la vraie gloire,
le chemin béni du salut. Si tous, au début de cette manifestation, avaient trouvé la voie du salut, ils eussent été sauvés au
jour du jugement *sagher*[3] qui est le jour de la manifestation
de cette altesse. Et cependant ! c'est pour la créature que toute
cette bénédiction a été répandue ! et elle ne produit pas d'effet !
La plume reste stupéfaite quand il lui faut écrire tout ce qu'on
a vu de ces hommes[4] ! Ce n'est pas à moi qu'il appartient de le
décrire ou de le raconter, mais il est un esclave de Dieu qui a
enregistré mot pour mot tout ce qui s'est passé depuis le début
jusqu'à la fin de la manifestation[5]. Prochainement les *ouié-
ma* attentifs et les philosophes sincères s'honoreront de
monter dans les chaires ou dans les tribunes pour expliquer
mes paroles, exactement comme tu les vois aujourd'hui ho-
norés d'interpréter les paroles de Mohammed. Pourtant,
quand ce prophète parut, que n'ont-ils pas dit sur son compte ! Mais,

1. Les Moujtéhèd, pour qui la porte de la science est fermée et qui,
par déductions plus ou moins justes, règlent la conduite des hommes.
2. Le Bâb.
3. Le petit jugement dernier. Le jour de l'apparition de l'imâm Mèhdi, tous ceux qui le reconnaîtront seront sauvés de l'enfer, tous ceux
qui le repousseront seront condamnés.
4. Le Bâb fait ici allusion aux injures dont il a été abreuvé, aux
tourments qu'il a subis.
5. S'agit-il de Mirza Djâni ?

Gloire à Dieu ! il est élevé d'une immense hauteur au-des-sus des calomniateurs [1].

Ce verset s'applique à cette altesse[2] et signifie qu'Elle est au-dessus de ce qu'en peuvent dire ceux qui ne croient pas en elle. Aujourd'hui, celui qui jette un regard dans la mer et l'abîme de l'Unité, dans l'Océan et dans l'infini de l'Eternité verra qu'elle est au-dessus de toutes ces immensités, car le Miroir de Dieu est resté, de toute éternité, hors des atteintes des louanges humaines : quelles traces y pourraient donc laisser les blasphèmes des impies ? Il est pur des descriptions de ceux qui le veulent décrire, comment ne le serait-il pas des insinuations malveillantes.

Sache que tous ont été créés pour contempler Dieu. Mais cela ne veut pas dire contempler la Personne Éternelle de Dieu, car elle ne peut être vue des créatures. Voir Dieu, c'est le voir dans la personne de son prophète à travers lequel il peut être vu. C'est-là ce que veut dire ce verset :

C'est Dieu qui a élevé les cieux sans colonnes visibles et s'est établi sur le trône. Il a soumis le soleil et la lune, et chacun de ces astres poursuit sa course jusqu'à un point déterminé. Il manie les affaires de l'univers et fait voir distinctement ses merveilles. Peut-être finirez vous par croire avec certitude qu'un jour vous serez en présence de votre Seigneur [3].

Tu vois dès lors que le ciel et la terre ont été certainement créés pour que tu contemples Dieu. Tous ont été justement créés pour ce but, et tous, nuit et jour le poursuivent. Mais leurs œuvres pies ont leur base et leur origine dans le prophète et doivent tendre forcément à la contemplation de Dieu[4] : sinon ces œuvres ne donneraient aucun fruit à ceux qui les accomplissent.

1. Qoran, XVII-45.
2. Le Bâb.
3. Qoran, XIII, 2.
4. Comme nous l'avons vu, cela veut dire à la contemplation et à l'acceptation du Prophète suivant qui, ici, est le Bâb.

Réfléchis un peu sur cette contemplation de Dieu pour laquelle tous ont été créés. C'est actuellement le mont de *Makou* qui en est le siège. Tous la demandent et tous en sont restés éloignés; tous s'en occupent et personne ne l'a connu.

Toutes les preuves que je t'ai données sont limitées[1]. Mais tu peux voir que S. A. dit, dans la *Khoutbé-i Témémiyèh*[2].

« Tu demandes à quoi on peut le reconnaître? En vérité, toutes les choses présentes le démontrent : elles proclament ses preuves et ses signes, et son existence le prouve lui-même[3]. » Et cependant, là même, rien ne peut être une preuve pour le connaître : peut-être est-il connu par lui même[4]. C'est là ce que signifient les paroles de *Sèdjäd*[5] dans la prière connue sous le nom de *Abi Hamzè Cémali :*

« *C'est par Toi que je t'ai connu, et c'est Toi qui m'as conduit à Toi. C'est Toi qui m'as appelé à Toi, et si Tu n'étais pas, d'où donc pourrais-je Te connaître.*

Tous, pendant la durée du *qèibèt*[6] étaient à la recherche de l'allégresse[7] et quand elle parut, tous restèrent dans l'obscurité. Croirais-tu par hasard que cette allégresse de la manifestation réside dans la Souveraineté ? dans la Puissance militaire ? dans l'Empire ? Depuis l'époque du Prophète jusqu'à nos jours, Dieu sait combien de rois puissants se sont rencontrés dans l'islam qui attendaient la manifestation de Dieu et souhaitaient ardemment la venue de cette allégresse !

1. Nous entrons ici dans une seconde partie de l'ouvrage où le Bab s'appuie pour démontrer sa mission sur les *hadis*, les miracles, la science talismanique, etc.

2. Mon texte doit ici porter une faute. Je n'ai pu savoir ce qu'était cette *Kholbé*. Il s'agit probablement de la *Kholbé-i Tutundjiyèk.*

3. Puisqu'elles ont été créées pour lui.

4. On ne peut, par les objets matériels, connaître son essence.

5. Troisième fils de Mohammed.

6. Période pendant laquelle l'Imâm èz-Zèmân reste caché aux yeux des humains.

7. L'allégresse de voir réapparaître l'imâm èz-Zèmân. En l'espèce, le Bab.

Aujourd'hui encore sept souverains puissants tiennent le monde en attendant le moment de *l'apparition.* Gloire à Dieu ! aucun n'a eu avis de sa manifestation, et s'ils en ont été avisés, aucun n'y a ajouté foi. Peut-être quitteront-ils ce bas monde pleins de leur désir et sans avoir compris que ce qu'ils attendaient s'était réalisé. C'est ainsi qu'il en fut pour les monarques attachés à l'Évangile : ils attendaient l'arrivée du Prophète de Dieu et quand il parut ils le méconnurent.

Vois combien ces souverains dépensent d'argent, sans même songer à nommer un fonctionnaire chargé de leur faire connaître la manifestation de Dieu dans leur propre royaume ! ils rempliraient cependant ainsi le but pour lequel ils ont été créés [1]. Tous leurs désirs ne tendaient et ne tendent qu'à laisser derrière eux des traces de leurs noms ! Que Dieu dans sa miséricorde et sa bonté accorde le salut à tous ceux qui sont ses esclaves.

Sache que Dieu n'a pas rempli sa promesse tant que « la terre n'a pas été remplie d'injustices et d'iniquités [2]. »

Tu l'as lu toi-même :

La terre sera pleine de justice et d'équité après avoir été pleine de violences et d'iniquités.

Il est encore écrit dans le *hadis* de Ibn Abbàs, dans le livre Ahvàn : Le Prophète a dit :

« *Le Mèhdi sera de ma descendance et remplira la surface*

---

1. Car alors ils croiraient au nouveau Prophète et en lui verraient Dieu, contemplation qui est la cause finale de leur existence sur cette terre.

2. Elle l'est aujourd'hui, et c'est pour cela qu'apparait le Bàb. Le *hadis* dit qu'alors la terre sera pleine de justice et d'équité comme elle avait été pleine de violences et d'iniquités. Cela est pris au pied de la lettre par les musulmans qui prétendent qu'au jour où le Témoin de Dieu fera son apparition, il régnera sur toute la terre et fondra toutes les religions en une seule. Vous oubliez, leur réplique le Bàb, que tous les Prophètes sans exception ont été tournés en dérision et souvent martyrisés. Il en sera de même pour ce Témoin, car c'est moi qui le suis, et Dieu sait de quels outrages on m'a abreuvé.

*de la terre de justice et d'équité comme elle avait été pleine
de violences et d'iniquités.*

Autre part, Mohammed dit :

*S'il ne reste de ce bas monde rien de plus qu'un seul jour,
Dieu augmentera la durée de ce jour jusqu'à ce qu'il suscite
un homme de ma race dont le nom sera le mien.*

Sèlmân lui demanda alors : « O Prophète de Dieu ! duquel
de tes enfants sortira cette Altesse ? » Plaçant sa main sur
l'épaule de l'imâm Hosséïn, le Prophète répondit :

« De cet enfant. »

Vois : le Qorân étant descendu sur la terre, tous les Musulmans croient à tout ce que contient le *Livre sacré* sans
ressentir le moindre soupçon, sans éprouver le moindre
doute. Mais vraiment, au moment où une manifestation se
produit, il semble que la créature se métamorphose en une
autre : personne ne croit, et, si par hasard quelqu'un croit,
sa faiblesse l'empêche d'être convaincu. Depuis la naissance
jusqu'à ce jour, tu as eu foi dans tout ce qui a été révélé par
le Qorân. Jamais tu n'as élevé un seul doute et jamais tu
n'as recherché ce qui pouvait détruire la croyance. Comment
se peut-il donc qu'aujourd'hui, après avoir vu par toi-même,
tu repousses la conviction ! Si tu as de la perspicacité, dis-
moi : quelle différence y a-t-il[1] ? Le croyant n'est plus un
croyant si, à l'époque de la manifestation il n'est plus ce
qu'il était à l'époque du *qèïbèt*, et si pendant le *qèïbèt* il n'est
pas tel qu'au jour de la manifestation[2]. C'est en cela que
réside l'équilibre de la foi, car c'est dans cette voie que la
science profite, alors qu'en dehors de cette route elle est sans

1. Entre ce que tu as entendu de Mohammed et ce que tu vois de
moi.

2. Le musulman croit à l'imâm Mèhdi et lorsque celui-ci apparaît, il
n'y croit plus. Est-ce là agir sainement ? Toi et les autres, vous n'avez
rien vu de Mohammed : vous avez cru à ce que l'on vous en a dit : ces
traditions vous ont suffi pour éclairer votre foi. Aujourd'hui vous voyez
de vos propres yeux et vous ne croyez pas ? Alors vous n'êtes pas musulmans. Un musulman doit croire à la manifestation avant qu'elle se
produise et l'accepter quand elle se produit.

utilité. Promène tes regards sur le terrain de la foi musulmane.
Tu y vois les musulmans cherchant à plaire à Dieu ; et
lorsque celui par qui l'on plaît à Dieu se manifeste, pas un —
— *sauf ceux qui lui ont donné leur foi* — ne cherche à se
faire agréer par lui. C'est là la véritable signification du
hadis et non ce qu'on en avait compris[1].

Depuis le début de sa vie, un savant peine à comprendre
un ordre dans un sens qui plaise à Dieu, pour agir conformément à cet ordre. Il écrit plus de 50.000 lignes de juris-
prudence ou de méthode pour tâcher de comprendre ou de
faire comprendre les *hadis* du Prophète, et quand le
témoignage se manifeste avec des preuves majeures, ce
savant diminue la somme de sa foi relativement à ce qu'elle
était auparavant[2]. En effet, ces versets du Prophète, il les
avait interprétés en apparence, mais il ne les avait pas
compris dans leur substance. Tu vois donc que sa sincérité,
les efforts qu'il faisait dans la religion n'ont en aucune façon
relevé son rang, mais l'ont au contraire rabaissé auprès de
Dieu et des *Maîtres de la Vraie Science,* cependant que le
malheureux s'imagine être resté fidèle à la crainte de Dieu.
Ce n'est pas qu'il désire contempler le spectacle de Dieu pour
ensuite rester dans l'obscurité. Peut-être en est-il pour lui
comme il en a été pour les docteurs des religions précédentes :
D'après eux, les décrets de Dieu étaient remplis ; aussi
persistèrent-ils dans leurs religions, quoique la famille de
Mohammed ait fait tant d'efforts pour leur salut : c'est dans
ce but qu'ont été produits tous ces *hadis* dont la base est
certaine et qui en sont arrivés jusqu'à dire : « *Il ne restera
plus (au moment de la manifestation) que nous et nos
compagnons*[3]. »

1. En s'arrêtant au sens extérieur.

2. Évidemment. Jusque là c'était un croyant marchant dans la route
de Dieu. A une nouvelle manifestation de la divinité, il se trompe de
route et prend celle de la négation. Il était croyant, il devient infidèle.

3. Les chiites appellent *famille du Prophète* non-seulement sa fille
et son gendre, mais encore les descendants de ceux-ci, c'est-à-dire les

Ailleurs, le Prophète a dit : « *Bientôt l'islam redeviendra étranger à l'humanité comme il l'était à ses débuts* ». Alors il ordonna de lire pendant la 23ᵉ nuit du ramazân les sourates de *Roum* et de l'*Enkébout* (sourates 29ᵉ et 30ᵉ), afin que peut-être quelqu'un s'éveille en entendant ces paroles : « *Elif, Lam, Mim. Les hommes s'imaginent-ils qu'on les laissera tranquilles pour peu qu'ils disent : « nous croyons » et qu'on ne les mettra pas à l'épreuve?* ». (Qorân. XXIX. — 1).

Il se peut qu'en entendant cela, le musulman réfléchisse sur son propre cas. Et voilà des gens qui entendent une parole (céleste), ne l'acceptent pas et se taisent. Bien plus, ne se contentant pas du silence, ils lancent la condamnation sur celui-là même d'après l'ordre duquel ils ont adopté leur religion[1].

Que tout ceci ne t'étonne point. Reporte toi plutôt au *hadis* d'après lequel 800 olèmà condamnèrent, sans aucune espèce de droit, l'Émir des croyants (Ali). Soixante et dix autres, le jour de l'*achoura*, se trouvèrent dans l'armée *hostile à la vérité* et condamnèrent à leur tour iniquement le *droit et la vérité* (en la personne de l'imâm Hossëïn).

Ne crois pas qu'ils pensèrent alors agir contre la religion ; ils estimaient au contraire que cette condamnation était exigée par la foi, car qui oserait mentir à la face de Dieu. Et cependant le fait est là, tel que tu le vois.

imâms. Or, dit le Bâb, si les *hadis* sortant de la bouche du Prophète promettent la venue de l'imâm Mèhdi, les imâm, ses successeurs, ont eu soin d'insister sur ce point de façon si nette et si précise, que ceux qui ne sont pas aveugles peuvent constater que l'imâm Mèhdi est le personnage qui se manifeste en moi.

1. Ces deux sourates expliquent que tous les Prophètes ont rencontré des obstacles insurmontables s'opposant à ce qu'ils fissent reconnaître leur mission, et qu'ils se sont heurtés aux railleries et à l'incrédulité. Si donc le lecteur en lisant ces doléances de Mohammed se réveille, il réfléchira peut-être à son propre cas et se dira : « De même que les Arabes repoussaient Mohammed, voilà qu'à mon tour je repousse un personnage qui se dit Prophète ». Cette réflexion le poussera à examiner honnêtement la question, et dès lors c'est un converti au bâbisme.

Mais enfin l'homme intelligent ne peut donc pas comprendre ceci : Il y a 2270 ans, Moïse se proclama Prophète de Dieu et présenta sa baguette comme preuve de sa mission. Le parti qui lui était hostile était assez intelligent pour répondre : « Nous aussi nous pouvons produire des enchantements semblables aux tiens ». Dieu dit, en effet, dans le Qorân :

Jetez les premiers, dit Moïse. Et ils jetèrent et fascinèrent les regards des spectateurs et les épouvantèrent. Ils avaient étalé là une magie surprenante [1].

Or, ce savant dont je parle, durant soixante et dix années n'arrive même pas à ce degré d'intelligence [2] alors qu'à ses propres yeux il ne voit personne de plus pieux que lui! Voilà comment l'homme se trompe et comment, sans s'en rendre compte il rabaisse le rang qu'il tenait aux yeux de Dieu.

Ce que je t'en dis, c'est pour te convaincre par des preuves et des arguments : mais en réalité, dans les voies de la justice de Dieu est-il convenable de donner de pareilles explications [3] !

Vois : que de fois on a répété le *Ziarèt Djâm'è* [4] : « Celui qui vous connaît, connaît Dieu ». Eh bien, personne ne s'est rencontré qui ait accordé ses paroles avec ses actes : autant en emporte le vent.

Seule, l'œuvre faite en son temps peut porter des fruits : quand le *sëyyèd des sëyyèd* demanda de l'eau, c'est alors qu'il eût fallu lui en donner. De nos jours, on dépense chaque année des millions pour représenter ce drame, mais ce

1. Qorân. VII-113.

2. Il n'arrive pas à l'intelligence des adversaires de Moïse. Il devrait en effet dire : il y a là un faux prophète et de faux prodiges. J'en vais donner la preuve immédiate et certaine en fabriquant de moi-même et sans hésitation des versets égaux, sinon supérieurs aux siens.

3. Il n'était pas nécessaire que je discute ainsi avec toi car la justice divine sait ce qu'elle doit faire à ton égard. J'ai été manifesté, j'ai apporté mes versets en témoignage, cela suffit. Il n'est pas convenable que Dieu ajoute d'autres preuves à celles-là, car c'est lui qui commande et toi qui dois obéir.

4. Prières et pèlerinage pour tous les prophètes et *imàm*.

n'est là qu'une distraction pour les hommes à la foi sincère. Les représentations ont un certain mérite en ce qu'elles élèvent auprès de Dieu les noms de ceux qui les donnent, mais quelle utilité immédiate ont-elles pour l'Altesse très sainte qui, pour aller vers Dieu, est sortie de ce monde les lèvres brûlées par le feu de la soif.

Il faut donc que l'homme agisse à l'instant propice afin que son acte ait pour lui une utilité réelle. Aujourd'hui est le jour où les hommes doivent courir à l'aide de Dieu (le Bâb) et où, pour les attirer à la foi, il fait descendre des versets. Ils ne croient pas et ils refusent leur assistance ! Mais, quand sa religion sera victorieuse, alors chacun s'écriera : « C'est moi ! c'est moi ! (qui suis venu au secours de Dieu). Chacun désirera lui être venu en aide et nuit et jour ils prendront l'attitude des suppliants.

Reporte-toi aux débuts de l'islam. Vois combien le Prophète a réclamé le secours des hommes. Puis, vois comme après 1270 années l'islam a pris de puissance. C'est au point que toi, qui es un de ses sectateurs, tu considères comme une honte d'appeler qui que ce soit à ton aide dans ta religion ! Tu vas peut-être jusqu'à croire que personne ne s'est hissé à ton degré de piété et n'est digne de te donner son assistance ! et il y en a des millions comme toi dans tous les coins des écoles ! Au début de sa manifestation, Mohammed réclamera de l'aide à grands cris : « *Répondez à un abandonné* », disait-il. Personne ne répondit et encore moins vint-on à son secours. Si quelqu'un avait répondu à ce moment, quel rang élevé il aurait occupé !

Eh bien, puisque tu connais le prix du temps présent, donne l'aide qu'il est en ton pouvoir de donner et dont l'occasion fuit. Dans la suite des jours, des millions et des millions d'hommes naîtront qui voudraient avoir donné leur assistance, mais leurs vœux seront stériles.

En ce qui concerne les preuves, une seule suffit à établir un point aux yeux de l'homme équitable. Sache donc que toute confession est enfermée dans ces trois possibilités dès que paraît la manifestation divine suivante :

1° Ou bien, après l'apparition de Dieu et de son témoignage, les hommes ne veulent pas croire, ainsi qu'il est écrit dans la sourate *An'am* (Q. VI, 25).

Il en est parmi eux qui viennent écouter ; mais nous avons mis plus d'une enveloppe sur leurs cœurs afin qu'ils ne comprennent pas le Qorân, et de la pesanteur dans leurs oreilles. Quand même ils verraient toutes sortes de miracles, ils ne croiraient pas ; ils viendront même, ces infidèles, te quereller et diront : ce Qorân n'est qu'un amas de fables des anciens.

Il est dit d'autre part (Q. XXVII-14) :

Quoi qu'ils aient acquis la certitude de leur vérité ; ils les nièrent par orgueil et par injustice.

2° Ou bien par la seule audition des arguments et des preuves, il se trouve des hommes qui sont convaincus et donnent leur foi. Ce sont ceux-là dont l'existence continuelle[1] est le *miroir de Dieu* dont l'être est la preuve du *soleil de la vérité*. Dans chaque religion, c'est la force de ceux-là qui groupe autour d'eux la nation, et Dieu les préfère à tout.

3° Ou bien enfin, il en est qui, après avoir entendu les preuves et les arguments, n'ont pas la chance de trouver la foi. Ceux-ci rentrent dans la catégorie des premiers dont nous avons parlé et nous sommes par suite restreints à deux classes : le *néf'i* (négation) et l'*isbât* (assentiment).

La classe de l'*assentiment*, à la seule audition des preuves et des arguments croit, la *négation* ne croit pas. C'est pourquoi Dieu a ordonné la guerre sainte[2], afin de faire entrer par la violence dans la vraie religion, ceux qui n'ont pas voulu croire. C'est une grande faveur que Dieu fait à la *négation*, que de l'obliger par la force à abandonner

1. Ce sont les apôtres, les compagnons : ce n'est pas que leur existence soit éternelle, mais il s'en trouve à chaque manifestation.

2. Nous verrons plus tard quel est le second sens, le vrai, de cette expression : « la guerre sainte. »

l'incrédulité pour entrer dans le paradis[1]. Dans chaque manifestation, si les confesseurs de la foi voient que les créatures ne se laissent pas uniquement guider par les preuves et les arguments, ils n'ont rien de plus à faire qu'à demander à Dieu de susciter quelqu'un de puissant, ayant pour mission de faire entrer l'humanité tout entière dans la religion de Dieu ; il n'y a pas d'autre moyen pour le salut du reste des créatures. Promène les regards sur la surface de la terre : tu vois qu'il existe encore des hommes de la confession de Moïse, d'autres de celle de David, d'autres enfin de celle de Jésus. Si pourtant un souverain puissant les faisait entrer par la violence dans la vraie religion, ils y entreraient et rencontreraient ainsi la miséricorde divine. Quant à (la valeur) des preuves et des arguments, tu peux constater que (malgré que tu les considères comme irréfutables en ta qualité de musulman) 2270 ans ont passé sur les Psaumes et les sectateurs de Moïse et de David sont restés tels qu'ils étaient auparavant[2].

Enfin, vois l'argumentation des *'olèmâ* d'aujourd'hui : ils savent et répètent les *hadis* prédisant la venue de l'imâm : leurs actes sont-ils conformes à ce qui est écrit dans ces *hadis* ?

Mais sur quoi donc se base l'imâmat ? Pas sur autre chose que sur ce que le Prophète a dit au sujet d'Ali. C'est par ces mots-là qu'a été créée la qualité de « lieutenant ». C'est encore sur une parole du Prophète qu'a été créé le pèlerinage à la maison de Dieu, et il en est ainsi pour tous les dogmes.

Élevons plus haut nos regards : par quoi se prouve la qualité de prophète ? Il est certain que Dieu n'a pas donné

---

1. Le Bâb discute avec un musulman et emploie ici les arguments de l'islam.

2. Les preuves et les arguments ne valent rien pour un esprit prévenu, car enfin si les arguments de l'islam avaient la valeur indiscutable que tu leur crois, ils eussent suffi à convertir les juifs et les chrétiens.

d'autre preuve que les versets. Eh bien, vois : d'un côté est celui à qui Dieu a accordé le don d'en produire comme preuve de sa mission ; de l'autre est ce savant qui n'est savant que par les *hadis* (en admettant qu'ils soient authentiques). Ce savant veut juger cet autre qui est possesseur du *Houdjèt Koubra* et du *Bèyinèh Ouzma*[1] !

En un mot, aujourd'hui est le jour du jugement dernier[2], c'est le jour où chacun doit crier : « Hélas sur moi ! », où chacun doit s'occuper de sa propre douleur, suivant sa religion et non suivant le monde, car ce bas monde n'est pas

1. Argument suprême.

2. C'est le jour du petit jugement dernier. Il y a en effet deux jugements derniers, et voici pourquoi. L'Islam étant la religion même de Dieu, il n'est pas admissible qu'elle ne règne pas sur toute la terre. Cependant, le fait est là et il faut l'expliquer. C'est, d'après les Musulmans, excessivement simple. Mohammed a mis sa propre famille sur le même rang que le Qorân. Cette famille doit donc en réalité posséder seule la science complète et absolue. C'est en effet ce qui a eu lieu chez Ali et les douze imâm. Mais le dernier de ces douze a disparu et dès lors la porte de la science a été fermée et la religion musulmane (chiite) ne s'est plus répandue parmi les hommes. La science divine n'ayant pas été complètement dévoilée aux yeux de l'humanité, il n'y a rien d'extraordinaire à ce qu'une partie du monde soit restée infidèle. Seuls, les élus de Dieu, son peuple bien-aimé, ceux sur qui il a répandu sa grâce, sont devenus Musulmans.

Or l'imâm disparu doit reparaître : c'est lui qui dévoilera les derniers mystères. Il est, en ce sens, le *houdjèt* ou le témoignage de Dieu. La lumière qu'il répandra ainsi sera tellement aveuglante que seuls, ceux dont le cœur est endurci par le démon ne la verront pas. Le Mèhdi doit de plus sortir de la Mèkke le sabre à la main et conquérir le globe tout entier. Les hommes ainsi pressés d'un côté par l'évidence, et de l'autre par la violence, ne pourront que reconnaître et accepter la religion musulmane. Ceux qui n'agiraient pas ainsi seraient immédiatement précipités aux enfers. Il y aura donc là une première et définitive séparation entre les fidèles et les infidèles. La surface du globe ne sera plus dès lors habitée que par des Musulmans. C'est pour eux que luira le jour du jugement dernier où chacun recevra la récompense ou le châtiment qu'il mérite. Les infidèles n'auront rien à y voir, car dès l'apparition de l'imâm ils auront été définitivement condamnés. D'ailleurs il n'en restera pas sur la surface du globe. Ce que j'en dis là est la théorie chiite. Nous verrons, dans une étude ultérieure sur le *Bèyin*, ce qu'il faut réellement entendre par le jugement dernier.

digne des préoccupations de Dieu. Regarde ce qui se passe en dehors de la religion : les hommes y sont riches en biens et en honneurs, et cependant ils n'ont pas la foi. Examine avec perspicacité les versets du Qorân relatifs au jugement dernier : tu y verras les gens du paradis en paradis ; ce sont ceux qui ont connu Dieu ; et les gens de l'enfer en enfer : ce sont ceux qui sont restés dans l'ignorance du Très-Haut[1]. Mais comme tu ne veux t'en tenir qu'aux *hadis* de la famille de Mohammed, compare avec eux cette manifestation, quoi qu'il ne soit pas convenable de prouver un témoignage par des *hadis* antérieurs. En effet, c'est sur un mot du Maître de cette manifestation que sont créés ceux qui créent des *hadis*, car telle est la volonté divine. Dieu, s'il le voulait, et si ses esclaves en étaient dignes, pourrait créer autant d'Ali qu'il y a de jours dans l'année. La grâce de Dieu a été de toute éternité parfaite et complète, et, s'il y a eu dans cette grâce des arrêts, ils sont dus à ses esclaves et non à lui. En effet, la première chose qu'il exige est la pureté, et comment celui qui a entendu la voix qui criait : « Ne suis-je pas votre Seigneur ? » et n'a pas répondu : « Oui », comment peut-il être pur et arriver à la connaissance de la manifestation[2] ?

1. Peux-tu distinguer en ce bas monde ceux qui sont destinés au paradis et ceux qui sont appelés par l'enfer ? Tu voudrais nier ma mission en démontrant que je ne suis pas un homme puissant dans le sens que les hommes attachent à ce mot ; mais vois-tu donc que le peuple de Dieu (la Perse) soit plus puissant que les autres nations. Au contraire, les Européens sont plus riches, plus civilisés, semblent plus favorisés par la divinité ; mais le Qorân ne te dit-il pas ce qu'il y a au fond de cette apparente contradiction ?

2. Adam allant à la Mekke vit un jour sa poitrine s'entr'ouvrir et les millions d'hommes qui forment sa descendance en sortir. Dieu parut alors et leur demanda : « Ne suis-je pas votre Seigneur ? — Oui, » répondirent les uns, alors que d'autres gardaient le silence. Ces derniers sont-ils dignes des bienfaits de Dieu ? Non certes. Eh bien, de même qu'il faut répondre oui à toutes les questions de Dieu, de même il faut accepter et croire tout ce que je dis, car je suis Dieu. Si donc je t'annonce pouvoir créer 360 Ali, tu dois me croire. Si tu ne me crois pas, es-tu digne du bienfait de cette création ? Non certes. Quel besoin ai-je donc de les créer ? Si tu m'eusses cru, tu les aurais vus.

Représente-toi les créatures qui vivent aujourd'hui comme si elles vivaient au temps de Mohammed. A l'époque où ce soleil s'est levé, quiconque l'a accepté a été accepté à son tour. Leur acceptation a été telle, relativement aux manifestations précédentes, que Dieu a agréé leur changement de foi et leur a accordé la sainteté[1].

Comme la Grâce de Dieu est parfaite et comme les hommes sont loin d'elle! Combien ils souhaitent d'avoir été de ceux qui ont entendu un seul verset sortir de la bouche de Mohammed et aujourd'hui que ces versets descendent du ciel de la miséricorde divine comme une pluie de printemps, personne ne les écoute! Dans la suite des temps les Béyâni (bâbi) formeront eux aussi les mêmes souhaits, mais ils seront mis à l'épreuve par le Mèn Yazhèr-hou Oullah![2].

Enfin, l'une des preuves les plus solides qu'un homme puisse donner est la science qu'il a de l'Unité. Cette science est un miracle, et l'explication s'en trouve dans le livre des *Ayakil Vahèd*[3]. Cette science secrète était restée cachée et personne n'en avait soupçonné la solution : le fruit en est qu'on peut voir dans les lettres et les nombres de quelle façon une chose arrive à onze degrés pour s'y condenser : ce qui est le *Hèikèl Houriyèt*. Si tu voyages dans l'océan des noms tu verras que le premier *Hèikèl* sera complet dans le nombre 19 sans entrer dans le nombre 20. Posséder cette

1. Le chrétien qui, à l'époque de Mohammed, s'est converti à l'islam a été un objet de scandale pour ceux qu'il abandonnait ainsi. C'est que ces derniers ne comprirent pas l'enseignement du Christ. Seul, le nouveau converti a, par sa conversion, démontré qu'il avait compris cet enseignement dont la cause finale était de préparer ses sectateurs à accepter Mohammed. Le musulman qui se convertit aujourd'hui au bâbisme, est exactement dans le même cas : renégat aux yeux de ses coreligionnaires, saint et pur aux yeux de Dieu.

2. Ils seront de bons, d'excellents bâbi, mais quand celui que Dieu doit manifester paraîtra, ils hésiteront à le reconnaître.

3. Titre d'un des ouvrages du Bâb ; *Hèikel* veut proprement dire forme, figure, mais signifie ici carré, étoile, etc., magiques. Voir la note suivante.

science est une preuve parfaite pour tout le monde à la condition qu'on la comprenne [1].

Parmi les *hadis* qui peuvent rassurer le cœur sont les
paroles que l'Émir des Croyants — Ali — (le salut soit sur
lui) prononce dans la *khotbè tutundjiyèh* [2].

1. Il existe mille et un noms de Dieu. Or l'un de ces noms est plus
grand que tous les autres : celui qui le connaîtrait pourrait tout faire
en ce monde : les esprits élémentaires lui seraient soumis. On discuta
dès lors à perte de vue sur ce nom, et deux camps principaux se for-
mèrent, dont l'un prétendit voir dans le mot *Allâh* le symbole
cherché, l'autre au contraire prétendant l'avoir trouvé dans le mot
Hou (lui). Ces derniers se basent sur ce fait que même en respi-
rant, les hommes et les animaux, au moment de l'expiration ou de
l'aspiration, font entendre cette syllabe. Or, la créature étant l'œuvre
de Dieu, qu'y a-t-il d'extraordinaire que la création tout entière fasse
retentir à tout instant le nom de son créateur ? Le murmure de l'eau,
le froissement des feuilles, le gémissement du vent se résument, si l'on
y fait attention, dans cette syllabe « hou » plus ou moins prolongée.
Or ce nom universellement répété, ne peut être que le plus grand nom
de Dieu. Voilà pourquoi les soufis, les mystiques, les derviches, les
philosophes répètent à tout instant « Hou ».

Or donc, si l'on veut comprendre quelque chose à ce monde de
mystères, on ne le peut qu'à l'aide de cette clef divine. Ici intervient
la science talismanique. Suivant les calculs de l'*Abdjèd* le mot *Hou*
représente le chiffre onze. Si l'on fait *royager* ce nombre, comme
disent les persans, à travers les mots *noûrâni* (de lumière) et *zoulmâni*
(de ténèbres) *âtèchi* (de feu) on obtient d'autres nombres qui servent
à remplir le carré magique. Or, on doit faire voyager ce nombre dans
les nombres représentant la pensée dont on est agité, le désir que
l'on peut avoir, le but que l'on recherche et l'on arrive ainsi à la
solution du problème. On sait l'affection que le Bâb porte au chiffre
19 : il le déduit du nombre 360, nombre sacré. Et voici comment il
l'obtient : 360 n'est pas pour lui divisible par 20, car le dividende est
360, le diviseur 20, le quotient 18 et le reste 0 : ces chiffres n'ont aucun
rapport les uns avec les autres. Il le divise donc par 19 et obtient 360
comme dividende, 19 comme diviseur, 19 comme quotient : mais il se
trouve que la division est inexacte par suite d'une unité qui se trouve
en trop : cette unité est précisément l'*unité divine*. Il rapproche
d'ailleurs ce nombre 19 du nombre 11 c'est-à-dire *hou* par une opé-
ration dans laquelle il serait inutile d'entrer.

Je crois devoir prévenir le lecteur encore une fois que le Bâb parle
le langage des gens auxquels il s'adresse, ce qui ne veut pas dire qu'il
partage entièrement leur opinion. Il veut simplement rallier à lui les
nombreux Persans qui s'adonnent à la science talismanique. C'est ce
qu'il veut dire à la fin de ce paragraphe quand il s'écrie : « De ce que
je possède cette science, cette possession est, pour ceux qui la comprennent, une preuve indiscutable de ma mission ».

2. Cette *khotbè* est relative suivant les musulmans à la fin du

Demande alors à voir apparaître Celui qui, du buisson ardent du Sinaï, parlait avec Moïse, et cet interlocuteur paraîtra.

Or il faut se souvenir que rien n'a été dit (par moi) que ceci : « En vérité c'est moi qui suis Dieu, il n'y a pas d'autre Dieu que moi ».

Dans cette même *khotbè*, dans un autre passage, il est dit :

En vérité, après ce temps, il viendra pour vous une voix et cette voix vous apprendra quelques unes des questions : alors toutes ces preuves deviendront claires à vos yeux.

Il est encore dit :

Alors à cette époque on conviera tous les hommes du globe vers ce qui est abrogé[1]. *Hélas ! hélas ! vous désirez, vous, la venue d'un grand bonheur et que la félicité tombe sur vous comme une pluie.*

Dans la *khotbè yooum qâdér* il est dit :

Bientôt Dieu enverra son aide contre ses ennemis afin qu'ils soient terrifiés ! Dieu est pur et savant.

Dans un autre passage de cette *khotbè yooum qâdér* il est dit :

Hâtez-vous vers la miséricorde de Votre Seigneur avant que l'on sonne la trompette. Hâtez-vous vers la porte dont l'apparence est la peine et le tourment, dont l'intérieur est la Bienveillance et la grâce.

Réfléchis à tout cela, car cela est juste, et penses-y jusqu'au fond de la question. Vois, Ali dit dans ses poésies :

Quand les Turcs auront remporté la victoire, alors attends-

monde et, suivant les *bâbi* à la fin des temps islamiques. Comme on le voit, après avoir prouvé sa mission en se basant sur le Qorân, le Bâb la démontre maintenant en s'appuyant sur les *hadis*.

1. *Bâtel* veut aussi dire illusoire, mensonger, et c'est en employant ce sens que l'orthodoxie chiite comprend ce *hadis*. Mais tout ce que nous savons du bâbisme nous fait un devoir strict de prendre ce mot dans sa signification d'ailleurs courante d' « abrogé ». Or qu'y a-t-il d'abrogé aujourd'hui qui est la fin de l'islam ? le Qorân. Et les *molld*, les *moudjtéhid*, les *olèma* convient le peuple au Qorân.

toi à la venue du Mèhdi : car il viendra et rendra la justice et les enfants d'Hàchèm abaisseront les rois du monde. On obéira parmi eux[1] à quelqu'un qui est plein de joie et qui parlera sans comprendre. Ce sera un enfant parmi les enfants, sans intelligence et incapable d'avoir par lui-même un avis. C'est alors qu'apparaîtra le Mèhdi et que Dieu se manifestera parmi vous. Il se manifestera par la vérité et c'est par la vérité qu'il répandra la justice. Son nom est le nom du Prophète, que mon âme lui soit sacrifiée ! Alors ne le tourmentez ni ne l'affligez, ô mon fils, et hâtez-vous vers lui[2].

Il y a encore le hadis *Loh-è Fatèmèh* dans lequel le Prophète dit :

Il complètera alors sa religion par l'arrivée de son fils Mohammed : et ce sera une grande miséricorde pour les hommes car ce Fils apparaîtra doué de la perfection de Moïse, des rayons de Jésus, de la patience de Job. Dans son temps, ses amis seront honnis et l'on s'enverra leurs têtes en cadeau, comme cela se fit autrefois parmi les Turks et les Deïlèm. On les tuera, on les brûlera, ils seront misérables et tremblants de

1. Parmi les Turks.

2. Les Turks ont conquis la Perse, et la dynastie qui règne actuellement, celle des Qàdjàr est une dynastie turque. Les commentateurs bâbi expliquent ce *hadis* en l'appliquant soit à Mohammed-chàh incapable de régner, qui n'avait aucun avis par lui-même et laissait tout faire à son premier ministre Hàdji Mirzà Aghà-si, soit à Nàser ed-Din Chàh qui monta enfant sur le trône alors que la régence était confiée à la reine-mère, l'Émir Nèzàm étant Atàbèk A'azam.

Il existe une prédiction de Chàh Ni'mèt Oullah précisant la date de l'apparition du Mèhdi. Or, l'un des manuscrits de ce derviche célèbre appartenait à Rèzà Qoùli Khàn, grand-père du Mokhbèr ed-Dooulèh actuel. L'année de l'apparition du Bàb, qui était l'année fixée par le derviche, Rèzà Qoùli Khàn n'acceptant pas Sèyyèd Ali Mohammed Ali comme le Mèhdi aurait écrit de sa propre main en marge de son volume : « Comme, dans l'année ainsi indiquée il ne s'est rien passé d'extraordinaire, il y a probablement lieu de modifier l'orthographe du mot représentant, suivant l'*abdjed* le numéro de l'année en question, car il est impossible que Chàh Ni'mèt Oullàh se trompe. Il faut donc changer le *sine* en *sade*, ce qui rejette l'événement à 20 années plus tard. » Ce volume se trouverait actuellement entre les mains de S. E. Nayèr èl Molk, mais je n'ai pu vérifier le fait.

peur. *La terre sera teinte de leur sang et les pleurs et les cris s'élèveront d'entre leurs femmes. En vérité! ce sont ceux-là qui sont mes amis car c'est par eux que se réveillera la discussion endormie; par eux se reproduiront les tremblements de la terre, par eux seront enlevés tous les signes et toutes les traces de l'infidélité; ce sont eux qui ont trouvé la vraie route; que Dieu leur accorde ses bénédictions*[1] !

Il est encore dit dans la prière *Do'a Noutbé*[2] :

« *Il est douloureux pour moi de te voir dans les larmes et de constater la haine que te portent les hommes* ».

Il est bien évident que tout ce qui est prédit là s'est accompli pour l'*Aurore de l'unité* (le Bâb), car, depuis sa manifestation, tu sais de quels malheurs il a été abreuvé.

Le hadis « *Azerbaïdjân* » est encore relatif à ce point :

« *Ce qui arrivera dans l'Azerbaïdjân est de toute nécessité pour nous; rien ne peut empêcher ce qui doit s'y produire. Restez donc dans vos maisons; mais si vous entendez qu'un agitateur y apparaît, alors courez vers lui* ». Et ce hadis continue en disant :

« *Hélas sur les Arabes, car la guerre civile est proche* »[3].

Si, en prononçant ces dernières paroles, le Prophète avait voulu faire allusion à sa propre mission, elles eussent été vaines et sans valeur.

Du même ordre encore est le hadis *Abi Lobéïd Makhzoumi* qui donne la signification des lettres isolées du Qorân. La démonstration de ce point a été faite (par moi) dans le livre intitulé : « *Commentaire de la sourate du Koousèr* ». Et[4] ce hadis se rapporte à l'année 1260.

---

1. Les Bâbi font remarquer que toutes les prédictions contenues dans ce *hadis* se sont réalisées.

2. Que les Chiites doivent dire dans l'attente de l'apparition du Mehdi.

3. L'islam tire son origine des Arabes : la guerre intestine dont il s'agit ici et la lutte religieuse entre bâbi et musulmans.

4. Il y annonce la Manifestation et y explique la valeur des lettres isolées : il démontre son apparition pour 1260.

Puis le hadis « *Moufazzal* » où il est dit : « *Il se manifestera dans l'année 60 et son nom sera élevé* ».

Et encore le hadis de S. A. Sâdeq[1], le salut soit sur lui, dans lequel il est dit :

« *En vérité, Dieu a caché quatre choses dans quatre autres. Son témoignage il l'a caché dans sa créature, et dans son témoignage il y a un des attributs de Joseph, car il sera vendu et acheté : et cependant personne ne sait que c'est là Joseph* ».

Sache que mon corps immatériel est exactement celui de Joseph. Si Dieu veut faire réapparaître âgé de trente ans ou quarante ans celui qui a vécu mille années, cela est impossible dans ce monde de possibilités, quoique Dieu soit tout puissant. Si tu m'opposes l'histoire de Khizr, je dirai qu'il en est de même pour lui : oui, il est toujours vivant, mais auprès de Dieu[2].

1. Imâm Djaafer Sâdeq, 6ᵉ imâm.

2. Les chiites prétendent que l'imâm Mèhdi est né il y a plus de 1000 ans et reparaîtra sous les traits d'un jeune homme de 25 ans malgré ses mille années d'existence. Il n'en est pas ainsi, dit le Bâb, car si Dieu est Tout Puissant, les lois de la matière sont immuables. Il propose donc l'explication suivante : c'est l'essence, le souffle immatériel du Mèhdi que Dieu remettra dans un nouveau corps matériel : ce corps grandira jusqu'à l'âge de 25 ans et alors se manifestera le *Sahab ez-Zemân*. Ici, le Bâb adopte les doctrines de Chéikh Ahmèd Ah'çahi. Les chiites admettent en effet que le corps matériel des immâm subsiste éternellement dans son intégrité. Par exemple, Imâm Hossèïn, quoique enterré depuis si longtemps, existe encore en tant qu'homme et chaque nuit du vendredi, c'est-à-dire suivant notre comput chaque jeudi soir, il vient au Monastère de Bibi Chêhrâbanoû. Ce couvent est situé à gauche de Châh-zâdè 'Abd oul-'Azim, tout près de Téhéran et renferme dit-on le tombeau de la fille de Yèzdèdjèrd, dernier roi (sâsânide) de Perse. Comme on le sait, Hossèïn avait épousé cette princesse, et maintenant encore il ne manque pas, chaque semaine, de venir remplir ses devoirs d'époux. Le vendredi matin le moutèvèlli montre aux pèlerins le linge dont l'imâm s'est servi la nuit précédente et qu'il a eu soin de déposer aux bains avant son départ. Ahmèd Ah'çahi prétend au contraire qu'un corps matériel, quelqu'il soit, pourrit et tombe en poussière, pour voir ses éléments entrer dans le Grand Tout : le corps immatériel seul subsiste. Dès lors le Bâb s'autorise à dire : « C'est en moi qu'est entré le corps immatériel du Mèhdi mort il y a mille ans. » C'est encore en ce sens qu'il parle de Khizr. La tradition chiite veut qu'Élie et Khizr fussent frères. Ils furent appelés à prendre part à l'expédition d'Alexandre dans les *Zoulemât* (ténèbres) où se trouvait la *fontaine de vie*. Ils se disposaient à partir quand

Il en est encore de même, comme tu le sais, pour Satan qui est l'incarnation même du mot « Négation » par opposition au mot « Assentiment », car il a voulu éteindre la lumière de Dieu. C'était cependant un esclave et un adorateur de Dieu, mais il se prosternait par amour pour lui-même et non par

leur père vieux et infirme leur demanda de les accompagner pour boire lui aussi de l'eau de cette source. Ils refusèrent d'abord, car Alexandre ne voulait accepter que des hommes de 25 à 30 ans. Mais leur père leur ayant affirmé qu'il leur ferait sûrement trouver la source de vie, ils consentirent à l'emmener. Ils partirent donc ensemble et, sur les conseils de leur père, mais sans comprendre dans quel but, ils se munirent d'un poisson sec. Ils rejoignirent Alexandre et se dirigèrent avec lui vers le pays des Ténèbres. Quand on y fut arrivé, chacun se mit à vaquer de droite et de gauche dans l'obscurité la plus profonde. C'est alors que le père des deux prophètes leur dit : « Trempez votre poisson dans chaque source que vous rencontrerez, et si vous tombez sur la source de vie, vous le comprendrez en voyant ressusciter le poisson. » Ils obéirent, et, après quelques tentatives infructueuses ils purent enfin constater un jour la résurrection du poisson. Ils burent donc de l'eau et en recueillirent dans un vase pour l'apporter à Alexandre. Mais en route, à la suite de divers accidents, le vase se brisa. Ils ne purent donc ni faire boire au héros prophète de cette eau précieuse ni lui indiquer l'endroit où se trouvait la source à cause de l'obscurité perpétuelle au milieu de laquelle ils avaient voyagé. Immortels, ils vivent encore. L'un parcourt la surface du globe, l'autre les profondeurs des océans : des *olémâ* — chiites, bien entendu — les ont rencontrés et en donnent le portrait. « Tout cela, ce sont des mensonges, s'écrie le Bâb, et si Khizr est vivant, il est auprès de Dieu : c'est son corps immatériel, autrement dit son âme, qui vit encore. »

Il en est de même pour le diable, dont le corps matériel a disparu depuis longtemps. C'est son souffle immatériel qui vit dans la création et qui s'incarne chez les hommes. Chez qui s'incarne-t-il plus spécialement ? Chez ceux qui refusent de croire aux prophètes au moment de leurs manifestations. Il s'incarne donc en ce moment dans ceux qui s'opposent au Bâb et ne veulent pas croire à la divinité de sa mission. Très élégamment, et d'un seul mot, le Bâb traite ici les *olémâ*, les *mojtéhed*, tout le clergé officiel d'incarnations du démon. Il les raille et se moque d'eux. D'ailleurs il ne faudrait pas croire que notre auteur prenne très au sérieux les arguments qu'il invoque ici. Il consent simplement à se placer sur le terrain de ses contradicteurs : « Vous dites que je ne suis pas le Mèhdi, et vous en donnez des raisons dont je vous démontre l'inanité ; j'emploie vos propres armes pour vous battre ; mais en réalité la seule raison que je puisse invoquer pour affirmer que je suis le Mèhdi, c'est que je le suis. »

amour pour le Seigneur [1]. Comprends donc, et puisque tu
adores Dieu, adore-le pour lui, non pour toi-même, car
alors tu échangerais les fruits de l'arbre de « l'Assentiment »
pour ceux de l'arbre de la « Négation » [2]. Que Dieu nous pro-
tège contre tous les arguments de la « Négation ».

Du même ordre encore est ce hadis de Imàm Mouça Kà-
zèm, le 7e imàm, le salut soit sur lui !

« *Le Maître de cette manifestation sera détesté des hommes,
chassé, solitaire, étranger à sa famille* ».

Du même imàm est ce hadis qu'il est d'obligation de lire
les nuits de ramazàn :

« *O mon Dieu! manifeste celui qui invitera à ton Livre, et
qui se dévouera à propager ta religion. Fais-en ton khalife en
ce bas monde comme tu l'as fait pour ceux qui étaient avant
lui. Fais que ta religion pénètre dans le cœur des hommes,
cette religion que tu as choisie pour lui. Rassure-le après qu'il
a été terrorisé; fais qu'il t'adore et ne te donne pas de compagnons. Choisis-le et, par son entremise chéris les autres,
aide-le et fais qu'il aide les autres: aide-le d'une aide rare.
Fais que ses œuvres soient faciles et de toi-même donne-lui
une souveraineté qui soit son appui. O Dieu! manifeste par lui
ta religion afin que rien ne reste caché de la vérité par la peur
qu'il pourrait avoir des créatures* ».

Les traditions et les hadis relatifs et conformes à la manifestation sont innombrables.

Si tu le désires, examine le *Bèhàr oul-Ènvàr* [3] et si tu y
trouves quelque chose de contraire à la vérité de ma mission,

---

1. C'est l'orgueil qui a perdu Satan.

2. Tu adores Dieu, obéis-lui donc : le crois-tu plus sage que lui ?
que viens-tu discuter ses ordres. Un prophète se présente en son
nom, tu le railles, tu le martyrises, tu le tues, pourquoi ? Parce qu'il
a l'apparence d'un homme et que tu te crois supérieur à lui.
Orgueilleux ! pense à Satan !

3. L'auteur de cet ouvrage, qui compte 25 volumes, est Molla Mohammed Bàgher Mèdjlici qui vivait vers 800 de l'hégire. C'est un
recueil de *hadis*.

sache qu'il existe plusieurs façons d'y répondre. Avant tout tu dois t'en référer au témoignage[1] et lui communiquer ce *hadis*, car personne que lui ne sait [l'interpréter ou s'il est authentique]. Le Prophète l'a dit en effet :

« *Quand je parle, je prononce une parole qui pour vous a 71 significations* ».

De plus, l'authenticité de ces *hadis* n'est pas prouvée d'une façon certaine : tout le monde s'accorde à dire qu'ils ne sont pas arguments définitifs[2] et leurs auteurs mêmes ont recommandé de les abandonner quand ils ne seraient pas conformes au Livre[3]. Enfin, tu sais fort bien qu'il y a eu des volontés de Dieu qui ne se sont pas accomplies[4] et cela est arrivé souvent. Pour chacun de ces cas, il y a des raisons péremptoires qui te tranquilliseraient, mais sache qu'en réalité toutes les volontés de Dieu se sont réalisées ; par exemple (à l'apparition du Mèhdi), le soleil doit se lever à l'occident. Il ne s'agit pas ici du globe solaire. S'il était question de lui, le phénomène se serait produit lors des manifestations précédentes, mais là, il est question du *soleil de la vérité* qui doit apparaître au couchant. Or, tu sais que le lever du *Soleil de la vérité*[5] a eu lieu à la Mèkke et tu vois que le lever de ce soleil-ci a lieu sur la terre de *Fâ*[6].

1. Le Bâb.
2. *Oûli es-Soudour*.
3. Le Qorân.
4. *Bèda* : le fait que Dieu veut une chose et que cette chose ne se réalise pas. Non pas que Dieu ne sache en principe qu'elle ne sera pas réalisée, il le sait fort bien ; mais en présence de certains événements, il doit donner un ordre qu'il sait parfaitement ne devoir pas être exécuté parce que d'autres événements futurs l'empêcheront. C'est ainsi qu'il avait promis la manifestation du Mèhdi pour la 30e année de l'hégire, mais comme les hommes se conduisirent mal à l'égard d'Ali, il remit l'exécution de sa promesse à l'année 61. Cette année-là Imâm Hossèïn fut tué et Dieu reporta la manifestation à l'année 260. Cette année-là encore, la méchanceté humaine l'empêcha de nous accorder ce bienfait et dès lors il n'a plus fixé de date pour cette apparition.
5. Mohammed.
6. Le soleil de l'islam s'est levé à la Mèkke, et la conquête musul-

C'est là l'explication de cette parole « le soleil se lèvera au couchant » et non le sens extérieur qu'on y attache d'ordinaire. C'est de cette façon que les anciens *olèmâ*, qui eux étaient circonspects, ont parlé de cette question. C'est ainsi encore que Chèīkh Ahmèd Zéīn èd-Din, (que Dieu l'exalte !), en a parlé et même écrit :

« *Alors toutes les choses étrangères que l'on a dites au sujet du retour de l'Imàm Mèhdi, entends-les comme cela* [1]. *Tu as aussi entendu dire qu'au jour de ce retour les purs feraient leur nourriture de leurs ennemis.*

Il s'agit là de la science comme l'explique S. A. Sàdeq. (que le salut soit sur lui), dans son commentaire de ce verset du Qoràn.

« *Qu'il jette les yeux sur sa nourriture* [2] » et le mot « *nourriture* » il l'interprète par le mot « *science* ».

Contemple le spectacle que t'offrent les temps présents. Tu vois les docteurs agir dans leur religion suivant leur idée [3] : les ordres de Dieu sont lettre morte pour eux. Or, Celui qui est le maître de donner des ordres se manifeste avec des preuves invincibles et éclatantes, mais ils sont restés dans l'obscurité.

Il en est exactement de même pour la nation chrétienne. Combien leurs prêtres eussent voulu comprendre d'une façon qui plût à Dieu, l'un des ordres contenus dans l'Évangile. Mohammed parut qui était le but et l'origine même des ordres de Dieu et ils ne le comprirent pas ! Aujourd'hui encore ils se condamnent à des mortifications pour interpréter

mane marchant de l'occident à l'orient est venue s'étendre sur la Perse. C'est là que cet astre s'est couché, c'est donc la Perse, la terre de Fâ, qui est l'occident de l'islam, or, c'est de cet occident que se lève le Bàb, Soleil de la Vérité.

1. C'est-à-dire conformément à l'explication ci-dessus.
2. Qoràn LXXX-24.
3. On sait que les *mojtèhèd* interprètent à leur façon les textes sacrés, et leurs sentences commencent par ces mots : *Akèmtou be-zalèk*, j'ordonne que :

l'Évangile de façon à plaire à Dieu. Vois combien vil et bas est le salaire de ceux qui sont restés dans l'obscurité. Nul ne comprend sa cause première non plus que sa cause finale et tous s'agitent comme des hommes ivres, excepté ceux à qui Dieu a accordé le salut.

Aujourd'hui est le jour que glorifient les gens du paradis[1] dans leurs demeures, car ils sont assis sur le trône de la certitude, de la foi, et de la croyance en Dieu : dès lors ils se rient des gens de l'enfer. Quelque chose que l'on puisse dire au sujet des *béyáni*, qu'ils sont faibles d'intelligence ou fous, on en disait autant de ceux qui avaient cru au début de l'islam :

« *Est-ce que nous allons croire nous, comme ont cru les sots*[2]. »

Cependant, en vérité, les compagnons de cette manifestation ont été marqués par Dieu du sceau de l'intelligence et personne en parlant d'eux ne peut redire : « Est-ce que nous allons croire nous, comme ont cru les sots ». Si quelqu'un en parlait ainsi, il se mentirait à lui-même, car enfin tu es toi-même un des disciples de feu Sëyyèd Kâzèm Rèchti. Dès lors, tu foules sous tes pieds les docteurs de Nèdjèf et de Kèrbèlâ, et tu ne fais pas plus attention à eux qu'à un grain d'orge : que peuvent-ils être aux yeux de ceux qui ont été complètement élevés par le défunt[3]. Que si par hasard tu n'es pas un des disciples du sëyyèd, alors regarde les compagnons du Maître du nom, dont le nom est conforme au nom

1. Les Bâbi.
2. Qorân II. 12.
3. Si tu es un vrai chéikh tu dois croire en moi, et de plus illustres que toi ont ajouté foi à ma mission. Si tu n'en es pas, voilà celui dont le nom est conforme au mien, puisque le mien est représenté par le chiffre 202 qui représente également celui de Mollâ Mohammed Ali Guèndjini : celui-ci était un ennemi du chéikh : or il a cru en moi. Il avait un maçon qui, quoique ignorant, se laissait guider par le bon sens et flétrissait les façons des *mojtehed* en disant : tout ce qu'ils décident dans leurs sentences n'est qu'un produit de leur imagination car la porte de la science est fermée.

de ton seigneur. Eh bien, l'un de ses maçons ignorants mettait à néant les *mojtéhèd* les plus instruits dans les preuves et la philosophie, parcequ'ils obéissaient à leur imagination et à l'incertitude. Il employait à leur égard des expres-
sions telles que j'aurais honte de les rapporter. Et cependant,
il avait raison contre eux en vertu des preuves et des arguments qui lui venaient du monde divin.

La plupart des confesseurs de la foi, dans cette manifestation, ont été des maîtres de l'intelligence et de l'entendement ;
de telle sorte que leur acte de foi est une preuve pour ceux
qui n'ont pas cru. Il eut dû en être ainsi dans chaque manifestation, et la conversion d'hommes tels qu'eux eut dû être
une preuve pour ceux qui sont restés incrédules. Tu sais,
toi, quel est le premier confesseur de cette foi[1] : tu sais que
la majeure partie des docteurs *chèïkhî, sèyyèdiyèh* et
d'autres sectes admiraient sa science et son talent. Quand il
entra à Esfahân, les gamins de la ville crièrent sur son
passage : « Ah ! ah ! un étudiant dépenaillé vient d'arriver ! »
Eh bien, cet homme, par ses preuves et ses arguments,
convainquit un *sèyyèd* d'une science éprouvée : Mohammed
Bâgher ! En vérité c'est là une des preuves de cette manifestation car, après la mort du *sèyyèd*, ce personnage alla voir
la plupart des docteurs de l'islam et ne rencontra la vérité
qu'auprès du *maître de la vérité* ; ce fut alors qu'il parvint
au destin qui lui avait été fixé. En vérité ! les créatures du
début et de la fin de cette manifestation l'envient et l'envie-
ront jusqu'au jour du jugement. Et qui donc peut accuser ce
maître de l'intelligence de faiblesse mentale et de légèreté ?

Vois encore le nombre du nom de Dieu[2]. Cet homme
vivait tranquille et pur au point que personne, ami ou
ennemi ne nie ses talents et sa sainteté ; tous admirèrent sa
grandeur dans les sciences et la hauteur à laquelle il s'était

1. Ce fut Mollâ Hosséin Bouchrouyèhî qui reçut le titre de *Bâb el-Bâb*.
2. A Sèyyèd Yahia Dârâbi.

élevé dans la philosophie. Reporte-toi au commentaire de la *sourat el-Kouousèr* (Qorân: S. 108) et aux autres traités qui ont été écrits pour lui et qui prouvent l'élévation du rang qu'il occupe près de Dieu!

Vois les autres, tous les autres dont il est inutile que je mentionne les noms dans cet écrit : ceux que j'ai nommés, c'est pour tranquilliser ton cœur, car enfin, comment donner comme preuve de la vérité d'une manifestation la foi de ceux qui y ont cru? ce serait vouloir démontrer l'existence du soleil par sa réflexion dans un miroir.

En vérité! si je produis tant de preuves c'est que, voulant le salut de tous, j'espère qu'un au moins comprendra.

J'en jure par les purs attributs de Dieu! il m'est pénible que quelqu'un me connaisse[1]. Or, connaître la Vérité — le Bâb — c'est connaître Dieu; l'aimer, c'est aimer Dieu. Or, connaissant les bornes qui limitent la créature, j'avais caché mon nom. Ce sont ces mêmes créatures qui ont dit de Mohammed, qui n'a jamais eu et n'aura jamais son pareil : « C'est un fou! » prétendent-ils, « nous ne sommes pas de ceux qui ont ainsi parlé » que leurs actes démontrent le mensonge de leurs paroles[2]. Ce que Dieu dit, c'est ce que dit son témoignage, et quand bien même l'universalité des êtres dirait une chose et le témoignage une autre, Dieu est garant que c'est lui qui dit vrai : sans cela aucune chose ne pourrait exister, et s'il en existait une, elle retournerait à lui comme à son lieu d'origine[3].

1. Je ne veux pas que l'on me connaisse, je veux que l'on connaisse Dieu; mais que faire, puisque je suis l'intermédiaire forcé de cette connaissance.

2. Ceux d'aujourd'hui sont vraiment ceux qui ont dit de Mohammed: c'est un fou!; qu'ils le nient, qu'importe; par le fait même qu'ils disent du Bâb c'est un fou, ils démontrent qu'ils en ont agi ainsi vis-à-vis de Mohammed.

3. Dans ce monde, rien n'existe en soi. Par exemple l'obscurité, c'est là un mot. La clarté existe : nous la voyons; quand elle disparaît, alors naît l'obscurité qui n'est que le manque de clarté. L'ombre donc n'existe pas par elle-même et elle dépend de la cause qui la

Vois donc comme ces gens là sont vraiment pieux ! Deux témoins honorables leur suffisent pour prouver une chose quelconque, et voilà que malgré tous ces confesseurs de la foi, ils hésitent à croire à cette manifestation ! Si tu veux comprendre le sens de ce verset :

« *Le témoignage de Dieu suffit* [1] »

dépouille-toi des biens extérieurs et pénètre dans l'intimité de ton être : dès lors contente-toi de ce que dit celui que Dieu doit manifester, car ce qu'il dit, c'est lui qui le dit. Ne crois pas que ce soit là une preuve futile, car c'est cette preuve même qui est apportée par le Qorân, c'est cette preuve que Dieu a manifestée pour la secte de Jésus, c'est toujours elle que Mohammed a manifestée dans le *Livre de Dieu*. Et voilà que les hommes n'acceptent pas le témoignage de Dieu et n'agissent que suivant le témoignage de leur propre inspiration !

Ces preuves, je te les donne pour éclairer ta vue, car ceux dont les yeux sont clairvoyants et attachés à la philosophie divine, qu'ont-ils besoin de preuves ?

Comme c'est aujourd'hui le jour du jugement dernier, il faut que se manifeste cette parole :

Tout périra, excepté la face de Dieu [2].

La face de Dieu, c'est le *Bèydn*, car à son ombre les confesseurs de la vérité reposent paisiblement, et personne ne

produit. Les choses n'existent pas non plus et si on leur a donné un nom c'est par suite de la « cause » qui les produit. Combien de Pharaons se sont succédés sur le trône sans que leur noms subsistassent. Seul celui qui était hostile à Moïse est demeuré célèbre : non pas que par lui-même il existât plus que les autres ; il n'existe qu'à cause du nom de Moïse.

1. Qorân IV-81. Abandonne le sens apparent de ce verset et pénètres-en le sens intime. Le témoignage de Dieu suffit : il ne s'agit pas là du Dieu que tu crois, c'est le *Men Yazhèr hou Oullah*, le prophète qui témoigne. Dieu que tu vois en imagination parlant, agissant, ordonnant, ne peut être vu de sa créature, comment peut-il témoigner ?

2. Qorân XXVIII — 88.

le comprend. Reporte-toi aux réponses que Chèïkh Ahmèd et Sèyyèd Kâzèm donnaient à ceux qui les interrogeaient, tu te convaincras alors que la manifestation de celui qui a été promis est celle même de cette vérité. En effet, dans le *hadis* de Komèïl [1], il est dit :

Dans la première année, ouvrir sans signal les rideaux de la grandeur ; dans la deuxième, effacer les futilités de l'imagination et prouver ce qui est évident ; dans la troisième, divulguer les secrets et les implanter victorieusement (dans le cœur des hommes) ; dans la quatrième, être extasié en Dieu pour en prouver l'unité [2]. Dans la cinquième, c'est le lever de la lumière de l'aurore de l'éternité [3] ».

Tu la verras cette lumière si tu ne fuis pas ou si tu n'es pas troublé.

Examine les *Do'a-i Sahar* [4] dans lesquelles S. A. Bâgher [5] a dit :

O mon Dieu ! je te demande ta lumière de la plus lumineuse de tes lumières, qui est resplendissante [6]. O mon Dieu ! je te demande ta lumière, ta lumière complète [7].

1. Komèïl ibn Ziâd était un des intimes d'Ali. Il y avait longtemps qu'il désirait lui poser une question et n'en trouvait pas l'occasion. Un jour il sortit avec Ali par la porte de Koûfa. Ils allèrent, dans leur promenade assez loin pour ne plus distinguer que difficilement la ville. Alors Ali, s'adressant à son compagnon, lui dit : « O Komèïl ! sache que le cœur de l'homme est comme un vase, et le meilleur des vases est celui qui ne fuit ni ne déborde quand on verse quelque chose dedans. » Alors Komèïl lui demanda : qu'est-ce que la *haqîqèt ouloukiyèt ?* » Ali répliqua : « Que veux-tu faire, ô Komèïl, de cette vérité ! Écarte ces rideaux qui t'empêchent de voir, alors tu verras que c'est moi la vérité ». « Aujourd'hui, c'est le Bâb qui est la vérité.

2. Être extasié en Dieu afin que toutes ses qualités s'imprègnent en soi comme les propriétés du feu s'imprègnent dans le fer rouge.

3. C'est sur ce passage, entre autres, que se base le Solitaire de Chypre pour réclamer le titre de successeur du Bâb.

4. Prières que l'on doit dire au mois de ramazân.

5. 5me imâm.

6. Ici se trouve le mot *Bèha*, titre donné à Mirzâ Hossèïn Ali Noûri qui, à Andrinople, se déclara le *Mèn Yazher-hou Oullah*. Il a rallié à lui la plupart des Bâbi qui se distinguent actuellement en *Bèhâhi* et en *Ezèli*.

7. L'imâm Bâgher avait dit que cette prière était la plus sublime

Ceci fait allusion, en premier lieu, au prophète de Dieu, en second lieu, à Ali l'Émir des Croyants, et ainsi de suite jusqu'au cinquième degré où il est parlé de la lumière et cette lumière est le seigneur des seigneurs, car la lumière est un degré. De même que le luminaire qui se brûle lui-même pour éclairer les autres est dépourvu d'égoïsme, de même tu verras, si tu vis et si Dieu le permet, les lumières de cette manifestation et tu les trouveras dépouvues d'égoïsme : elles se sacrifient elles-mêmes pour montrer l'unité de Dieu et faire exécuter ses conseils et ses ordres.

C'est une chose connue que les paroles du révéré Chèïkh Ahmèd Ahçahi. Or il y a là des indications sans nombre au sujet de la manifestation. Par exemple, il a écrit de sa propre main à Sèyyèd Kâzèm Rèchti : « *De même que pour la construction d'une maison il faut un terrain, de même pour cette Manifestation doit se présenter le moment. Mais ici on ne peut donner une réponse fixant ce moment. Bientôt on le connaîtra d'une façon certaine* ». Ce que tu as entendu toi même si souvent de Sèyyèd Kâzèm, cela n'est-il pas une explication ? Ne répétait-il pas à chaque instant : « *Vous ne voulez donc pas que je m'en aille et que Dieu apparaisse ?* »

Ce qu'il disait encore lors de son dernier voyage, que tu as entendu toi-même, ne le raconte-t-on pas ? Et l'histoire de Mirzà Mohammed Akhbâri que rapporte Abd oul-Hosseïn Chouchtèri ? Mirzà Mohammed Akhbâri demanda un jour, étant à Kazèmèïn, au vénéré sèyyèd quand se manifesterait l'imâm. Le sèyyèd parcourut des yeux l'assemblée et lui dit : « Toi, tu le verras ». Mollà Mohammed Taghi Hèrèvi[1] racontait lui aussi cette histoire à Esfahàn.

des prières parcequ'elle contenait le plus grand des noms de Dieu : *Behá* ! Le monde musulman en demeura naturellement d'accord jusqu'au jour où quelqu'un s'avisa de dire à Agha Nèdjèfi, mojtèhèd d'Esfahàn que c'était précisément là le nom du *Mèn Yazhèr-hou Oullah* promis par le Bâb. Aghà Nèdjèfi interdit dès lors de dire cette prière.

1. Professeur de l'imâm djoumrè d'Esfahàn, devint Bâbi et fut tué.

L'histoire d'Abd Oullâh ibn Mobârèk qui, à Chiràz, l'a
racontée lui-même au négociant Hâdji Mirzà Mohammed, est
encore une preuve de la vérité de cette manifestation.

Mais toi-même, depuis le jour où l'Altesse s'est manifestée,
combien de fois as-tu consulté le sort à l'aide du Qoràn, et
l'oracle répondait péremptoirement à ta demande.

Aghâ Sèyyèd Dja'afèr Chèbriyèhi disait des choses extraor-
dinaires à ce sujet : va les apprendre. Mais ce ne sont pas là
des preuves, ce sont des associations de faits propres à tranquilliser le cœur.

Si nous passons aux docteurs dans la science de la valeur
des lettres, nous voyons les faits suivants :

Aghâ Sèyyèd Djèvàd Kèrbèlâi a dit qu'avant la manifestation, un indien lui avait écrit le nom de celui qui serait
manifesté.

L'honorable chèïkh Ali Khorâçâni a raconté qu'à la Mèkke
il avait entendu ces dernières années, dans les environs de la
Ka'aba, une voix qui disait des vers. Il fit le calcul de leur
valeur numérale et le chiffre trouvé fut exactement celui de
l'année de la manifestation. Va et apprends cette histoire.

Mirzà Abd oul-Vahhâb Khorâçâni parle d'un savant versé
dans la science de la valeur des lettres et qui avait trouvé
dans les chiffres le nom du Maître de la manifestation avant
qu'il se manifestât.

Il y a aussi l'anecdote relative à Chèïkh Ahmèd Ahçahi en
route pour la Mèkke. Il a été prouvé que cette anecdote est
authentique et dès lors il y a quelque chose de certain. Des
disciples du défunt ont rapporté les propos qu'ils avaient
entendus et parmi eux se trouvaient des personnages tels
que Mollà Abd oul-Khâleq et Mortèza Qoûli. Mollà Abd
oul-Khâleq rapporte que le chèïkh leur dit un jour : *« Priez
afin de ne pas vous trouver au début de la manifestation et du
retour*[1], *car il y aura beaucoup de guerres civiles »*. Il a ajouté :

1. Le retour de l'imàm caché qui revient sur la terre comme imàm
Mèhdi.

« *Si quelqu'un d'entre vous vit encore en ce temps-là, il verra des choses étranges entre les années 60 et 67. Et quelle chose étrange peut être plus étrange que l'Être même de la Manifestation. Tu y seras et tu y verras encore un fait extraordinaire : c'est que Dieu, pour rendre victorieuse cette manifestation suscitera un être qui parlera de lui-même, sans avoir jamais rien appris des autres* ».

Entre autres faits propres à rassurer le cœur est celui-ci : dans la province d'Azèrbaïdjàn, deux individus entendirent en rêve quatre poésies. Le matin, quand ils les récitèrent elles étaient identiques l'une à l'autre. Certes il y a une preuve de la manifestation : l'interprétateur de ces vers est Mollâ Yoûssouf qui les tenait de Mirzà Mas'oud.

Si tu voulais résumer tout ce qu'a produit à ce sujet la science de la valeur des lettres, ce serait un livre complet qu'il te faudrait écrire. (Je citerai) entre autres les extractions de Sèyyèd Mohammed Akhlètì qui a écrit il y a cinq cents et quelques années, ou plus, un grand nombre de traités sur cette science. Il dit :

« *Pour vous viendra celui qui vous instruira dans les deux mondes afin de faire revivre la religion après le ra et le ghaïn. Si tu ajoutes à cela le* « *hé* » *alors sache que je n'ai aucun secret pour toi.*

Puis, si tu multiplies le nom hou, par lui-même, tu trouveras le nom du pôle des deux mondes.

Enfin prends moh avant med et compose-les ensemble pour atteindre le but de tes désirs [1].

---

1. Quel est le but d'un musulman ? voir l'im*m Mèhdi : eh bien, sache que pour le voir il faut les conditions suivantes : Prends « ra » et additionne-le à ghaïn

ra	=	200
ghaïn	=	1000
ya	=	10
noun	=	50

= 1260 qui est l'année de la manifestation. Ajoutez-y hé

hé	=	5
Élif	=	1

6 = 1226 qui est l'année de sa mort. Veux-tu savoir son nom, le voici : prends hou, le plus

Ce que je t'en dis là, c'est pour tranquilliser ton âme, car en vérité, un seul verset du *Bèyân* est une preuve infiniment plus grande auprès de Dieu que toutes les preuves et que toutes ces preuves, car personne au monde n'a le pouvoir d'en faire descendre de semblables et c'est là ce qui démontre la puissance de Dieu. Montre l'un de ces versets à tous les *olèmâ* de l'orient et de l'occident et si d'eux-mêmes ils t'en produisent un pareil, alors tu auras le droit d'hésiter : mais en vérité, de par les preuves que je t'ai données, il n'est pas possible qu'aucun d'entre eux en produise. L'un de ces versets est le suivant :

« *Dis : ô mon Dieu! en vérité c'est toi qui connais le ciel, la terre et ce qu'il y a entre eux. C'est toi qui accordes la science à qui tu veux et qui la refuses à qui bon te semble. Tu abaisses qui tu veux : qui tu veux tu l'élèves. Tu fais chérir qui tu veux, tu fais honnir qui tu veux. A qui tu veux, tu accordes ton assistance comme tu t'opposes à qui tu veux. Tu préserves qui tu veux de la nécessité, et qui tu veux, tu le prives de tout ; dans ta main est la souveraineté de toutes choses : tu crées ce que tu veux, comme tu le veux, et en vérité c'est toi le Tout-Puissant dans tout ce que tu veux* ».

Vois, dans le Qorân il n'est pas descendu autre chose que le *Bism illâh er-rahmân er-rahîm*, tandis que dans le *Bèyân* il est descendu d'une manière explicite qui forme l'*explication*, 261 commentaires de cette parole. Une partie en est consignée dans le *Bèyân* : il eut été possible d'en faire descendre davantage, mais cela n'a pas été demandé. Si Dieu le veut, il en fera descendre encore par l'intermédiaire de son *témoignage* quoiqu'un *Bism illâh el-âlî el-azîm* dût suffire à tous les hommes comme preuve de cette manifestation.

Reporte-toi aux premiers jours de la manifestation : combien d'hommes y sont morts du choléra ! c'était là l'un des prodiges de la manifestation et personne ne l'a compris. Pen-

grand nom de Dieu, et décuple-le, tu obtiendras 110 = Ali, puis tu mettras *moh* avant *mèl*, et tu auras enfin Ali Mohammèd.

dant quatre années le fléau sévit parmi les Musulmans chiites sans que personne en saisit la signification.

Vois ce verset du Qorân :

« Les infidèles ont-ils pensé qu'ils pourront prendre pour patrons ceux qui ne sont que nos serviteurs. Nous leur avons préparé la géhenne pour demeure » [1].

Ce verset est descendu pour ceux qui prenaient les prêtres chrétiens comme guides contre le Prophète de Dieu, et ce châtiment même était leur enfer durant leur vie, car il n'y a pas eu et il n'y a pas de plus grande récompense pour celui qui fait des œuvres pies en ce monde que l'approbation de Dieu, et il n'y a pas de feu plus violent que d'être loin de Dieu en ce bas-monde.

Sache que cette menace de l'enfer est faite à ceux qui adorent d'autres que Dieu : adorer veut dire ici obéir. On n'obéit à Dieu en ce bas-monde qu'en obéissant à celui en qui l'on peut voir Dieu dans chaque manifestation. Comprends bien cela afin de ne pas avoir obéi à d'autres qu'à Dieu. Le jour où paraîtra celui que Dieu doit manifester, tu auras agi contre lui et par conséquent contre Dieu si tu continues à obéir à un des docteurs du *Béyân*. Si au contraire tu obéis à celui que Dieu doit manifester, tu auras adoré Dieu.

Dieu dit dans le Qorân [2] :

« En quel autre Livre croiront-ils ensuite ? »

Le vrai sens de ce verset, dans sa signification intime est :

« A quoi croiront-ils après le Prophète de Dieu et ce qui est descendu pour lui [3]*. »*

1. Qorân XVIII — 102.
2. Qorân VII. 184.
3. J'ai donné la traduction du verset du Qorân ci-dessus cité suivant M. Kazimirski : mais elle ne sert pas le texte d'assez près ; il faudrait traduire *A quoi croiront-ils après Dieu et ses versets ?* Or les versets ont été révélés par l'intermédiaire de Mohammed. Après cela, les hommes ne peuvent croire qu'aux versets. La période des miracles matériels est close, et les prophètes suivants se présenteront porteurs de versets en signe de leurs missions.

Sache bien que l'adoration d'un autre que Dieu ne peut suffire en rien, tandis que connaître Dieu suffit, à l'exception de toutes choses, et cela à la condition que l'homme suive avec piété la grande route dans laquelle il est entré jusqu'au moment où un autre ordre se manifestera venant de Dieu.

Quant à ce que tu demandes au sujet des fondements de la religion et de ses dogmes, sache que la base de la religion est la connaissance de Dieu : la connaissance parfaite et la connaissance de son *unité*. La parfaite connaissance de l'*unité* c'est de rejeter tous les attributs du terrain de sa *Sainteté*, de l'*Élévation de sa gloire* et de sa *Sublimité*.

Sache que connaître Dieu n'est possible en ce monde que par la connaissance de celui en qui l'on contemple Dieu. Sache également qu'à la base de chaque manifestation se trouvent ces paroles :

« *Il n'y a pas d'autre Dieu que Dieu.* »

C'est après cette affirmation qu'apparaît la mention du nom du *maître de la manifestation* ; il en a été ainsi pour Noé à l'époque de Noé, pour Ibrahim en son temps, pour Moïse et pour Jésus, chacun à son époque. Il en a été ainsi pour Mohammed au moment où il apparut et il en sera ainsi ensuite jusqu'à la fin qui n'aura jamais de fin. Ne prononce donc les noms des prophètes qu'en les faisant suivre de bénédictions ; ne les écris qu'en y inscrivant ces bénédictions à la suite, car ils étaient et sont très saints et proches de Dieu. N'écris pas le mot : « Allâh » sans ajouter : « *Il est grand et glorieux* ». Quand tu écriras celui de « Mèn Yazhèr-hou Oullah », fais-le suivre de cette mention : « *Irtifa'a ré imténa'a qadd-hou* : « *Que sa puissance soit augmentée et fortifiée.* »

Reporte-toi aux bénédictions qui durant l'époque du *qëïbèt soghra* ont été prononcées par Abou 'l-Hassan Zorrâb Ésfahânî et que Chèïkh Toùci rapporte dans son livre : *Misbah-è Kèbîr* :

« *O mon Dieu ! envoie les bénédictions à ton lieutenant !*

qu'il ressuscite suivant les ordres et affermisse les lois, ceux qui invitent les hommes à ton nom et ceux qui les conduisent dans ta route : Car c'est lui le TÉMOIGNAGE pour les créatures ; c'est lui qui est ton khalife sur la terre, ton TÉMOIN pour les esclaves.

O mon Dieu ! fais aimer celui qui lui donne son aide et prolonge sa vie ici-bas, orne le monde de la longueur de son séjour !

O Dieu ! protège-le des envieux et de ceux qui agissent contre lui et délivre-le de ceux qui lui veulent du mal ! »

Or, à l'époque du ḡéïbèt-soghra, l'Altesse cachée n'était en butte aux persécutions d'aucun ennemi, alors réfléchis et vois qu'il s'agit là de ce qui se passe aujourd'hui, car il est à la montagne de Màkoû et il dit :

« O mon Dieu ! donne par sa personne à lui-même, à ses descendants, à sa famille, à ses amis, à ses sujets, à ses proches, à tous et à tous les habitants de la terre, un rayon qui éclaire leurs regards, facilite leur tâche, fais-les parvenir aux meilleures des œuvres en ce monde et dans l'autre. En vérité ! tu peux ce que tu veux.

O mon Dieu ! ressuscite en lui ce par quoi il peut renouveler ta religion et fais vivre par lui ce qui est changé dans ton livre ; manifeste par lui ce que tu modifies dans les ordres afin que par lui ta religion se lève de nouveau ; donne-lui dans la main un livre nouveau, pur et saint ; qu'aucun doute, aucune hésitation ne soient dans ce livre et que personne ne puisse se présenter qui le détruise ou bien le modifie.

O mon Dieu ! éclaire par ton resplendissement tout ce qui est obscur, et, par son pouvoir affermi, disperse les lois anciennes. Par sa prééminence, ruine ceux qui n'ont pas suivi la route de Dieu. Par lui, fais périr tous les tyrans, éteins par son sabre toutes les discordes, efface par sa justice toutes les oppressions, fais obéir à ses ordres ceux qui ont le commandement ; sous son empire, renverse tous les empires.

O mon Dieu ! abaisse quiconque veut l'abaisser, tue quiconque est son ennemi ; renie quiconque le renie et égare quiconque repousse sa vérité, renie ses ordres, s'efforce d'obscurcir sa lumière et d'éteindre son nom.

O mon Dieu ! accorde les bénédictions à Mohammed Mostafa, ta miséricorde à Ali Mortéza, à Fatemèh Zoh'ra, à Hassan Rèza, à leurs successeurs, à ceux qui ont fait briller la lumière, qui ont été les drapeaux de l'abstinence et les phares qui montrent la route, à ceux qui ont fait trouver la voie droite, à ceux qui ont été les causes que l'Homme a pu arriver à Dieu ! Envoie les bénédictions à ton ami et à ceux qui sont les lieutenants ainsi qu'à leur descendance ; augmente leur vie, prolonge le temps de leur séjour ici-bas et fais-les parvenir au but de leurs désirs dans ce bas-monde et dans l'autre, car tu es le TOUT-PUISSANT. »

Ces bénédictions, répète-les souvent, et si tu n'as pas le temps de les répéter en entier ne manque pas d'en dire la dernière partie. Sois éveillé le jour de l'apparition de celui que Dieu doit manifester, car cette prière est descendue du ciel pour lui quoique je sois dans l'espoir qu'aucun chagrin ne l'attend : j'ai instruit les gens de ma religion à ne se réjouir du malheur de personne. Aussi, se peut-il qu'à l'époque de l'apparition de ce soleil de la vérité, aucune souffrance ne l'atteigne.

Quant au *zikr*[1] que tu demandes, répète autant de fois que Dieu a créé d'êtres et en créera :

« Il n'y a pas d'autre Dieu que Dieu ! »

Donne à ce point toute ton attention afin de ne pas rester dans la « *Négation* » et de rentrer sous l'ombre de l' « *Assentiment* ». Sache bien que toutes les existences sont enfermées dans ce dilemme : « *Négation — Assentiment* ». Le second de ces deux arbres est l'arbre du bien et pour lui toute bonne explication est bonne ; le premier est l'arbre du Mal, et tout

---

1. Prières que l'on doit répéter plusieurs fois par jour, sentence qu'un *morchid* ordonne à quelqu'un de prononcer pour obtenir le but de ses désirs, le mot persan est *vèrde*.

ce qui le concerne, toute explication mauvaise est en dehors
du bien.

Sache aussi que toutes les nations, dans leur langue religieuse, emploient ces termes mêmes, mais restent cependant
toutes à l'ombre de la *Négation*. La signification du mot
Assentiment au moment où parut le prophète de Dieu était :
*Il n'y a pas d'autre Dieu que Dieu et Mohammed est son pro-
phète*. Dans chaque manifestation de chaque envoyé céleste
il en est ainsi, et cependant combien de fois n'as-tu pas
répété ces paroles qui restaient obscures pour toi : *Il n'y a
pas d'autre Dieu que Dieu* !

Tu as entendu dire que Dieu, au jour du jugement dernier
établira d'un mot le compte des créatures : ce mot, c'est celui
là même. De sorte que quand Dieu envoie un prophète, quiconque l'agrée rentre sous l'ombre de *l'assentiment*, dès
lors son compte est établi, il ira aux cieux ; celui qui ne lui
aura pas donné sa foi verra son compte s'établir à l'ombre
de la *négation* et il ira aux enfers [1]. Demande à tout instant
refuge à Dieu, car le croyant est encore plus rare que le
soufre rouge [2] de la pierre philosophale. Tous reconnais-
sent l'unité de celui qu'ils ignorent cependant ! Par exemple,
les sectateurs du Christ admettent l'unité de Dieu, alors que
leur adoration de la divinité retourne en ce monde à celui
qui s'est manifesté et qui est Dieu car il n'y a pas d'autre
Dieu que le prophète de Dieu ; en sorte que leur piété reste
pour eux stérile. Donne donc la plus scrupuleuse attention
à la connaissance de l'unité, car c'est là le *Sirâth* dont tu
as entendu parler, ce pont plus fin qu'un cheveu, plus tran-
chant qu'un rasoir.

N'ajoute pas foi à ceux qui disent avoir compris le *Livre
de Dieu*, car j'ai eu beau les examiner je n'ai trouvé chez eux
que des mots ou des trames doctrinales, sauf chez deux

---

1. Dieu quand on lui présentera une à une les âmes des humains
prononcera d'un seul mot leur sentence : *négation — assentiment*.

2. Ce soufre rouge transmue le cuivre en or.

personnages. Ceux-ci[1] ont paru jadis et ont élevé leurs paroles au milieu de l'islam de façon à ce que leurs actes dans la la connaissance de Dieu fussent d'accord avec elles. Chez les docteurs du *Béyân* on ne s'en tient pas aux mots.

Les docteurs chrétiens se sont vantés d'avoir compris les Évangiles. Or, le premier mot de ce livre a trait à la création de Mohammed. Il y a 1270 ans que ce Prophète s'est manifesté et Dieu sait combien ces docteurs ont fait d'interprétations de leur texte sacré, sans parvenir même de loin au sens vrai qui est Mohammed : s'ils avaient compris, ne fut-ce qu'un seul mot du Nouveau Testament, ils auraient cru au Prophète de Dieu. Tu vois bien qu'ils n'ont pas compris une syllabe de l'Évangile et qu'ils n'en ont expliqué les termes qu'inconsidérément et sans inspiration.

Reporte-toi à l'islamisme sunnite, tu verras qu'il en est de même pour lui. Que de commentaires n'ont-ils pas écrits du Qorân sans comprendre que l'essence même de la création du Qorân est la descendance du Prophète. Il en est ainsi encore pour les Chiites et leurs commentaires. S'ils avaient compris, ils n'eussent pas ignoré que dès le premier point du Qorân le *Livre sacré* n'a pour but que l'attente de la *manifestation* du *témoignage*. Tu vois bien qu'ils n'ont compris rien autre chose que des mots vides de sens et d'inspiration.

Eh bien, alors, comprends donc, et ne sois pas comme eux en face de cette manifestation du *Béyân*. Tranche toute amitié avec d'autres qu'avec Dieu et suffis-toi en lui en dehors d'autres que lui. Répète souvent ce verset du *Béyân* :

« *Dis : Dieu suffit à toutes choses en toutes choses, rien ne prévaut sur Dieu ; rien, ni dans les cieux, ni sur la terre, ni dans ce qui est entre eux. Par son ordre, il créera ce qu'il voudra. C'est lui le Savant, le Tout-Puissant* ».

Ne pense pas que cette parole : « Dieu suffit à toutes choses » soit une imagination. Sache que dans chaque manifestation,

1. Chéikh Ahmed Ahçaï et Séyyéd Kazém Réchti.

ta foi dans le Maître de cette manifestation te suffit pour et
sur toutes choses de la terre, alors que rien de ce qui est en
ce bas monde n'est supérieur à ta foi. Si tu ne crois pas, le
Mèn Yazhèr-hou Oullah te comptera parmi ceux de la « *négation* », si tu crois, la foi te suppléera toutes choses de la
terre, même si tu ne possèdes rien. C'est là le sens de ce verset en ce qui concerne le Prophète, dans la manifestation
précédente, puis pour la manifestation suivante, enfin pour
celle du Mèn Yazhèr-hou Oullah, et ainsi de suite jusqu'à la fin
qui n'aura pas de fin, depuis le commencement qui n'a pas
eu de commencement. Sois attentif et dis :

« *Gloire à Dieu, Maître des deux mondes, que notre Seigneur nous pardonne à tout instant, avant l'instant et après
l'instant !* »

FIN

Baugé (Maine-et-Loire). — Imprimerie Daloux.

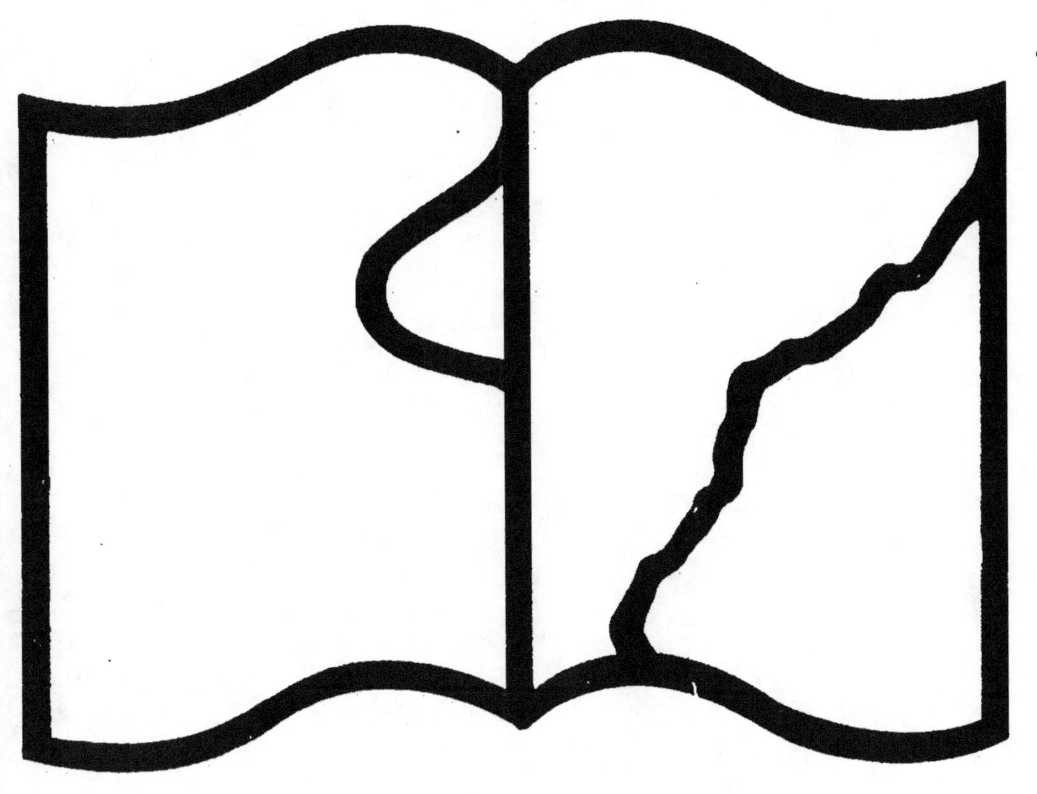

Texte détérioré — reliure défectueuse

NF Z 43-120-11